JN061304

農村ソーシャルワーク

Rural Social Work：ルーラル・ソーシャルワーク

— 現代農山村から考えるソーシャルワーク実践 —

髙木　健志

学術研究出版

はじめに

わたしたちは，コロナ禍という，これまで体験したことのない状況のなかで，それぞれの生活を送りながら生きている．私たちの生活は，これまでは当たり前であったことが，当たり前ではなくなった．その一方で，私たちを取り巻く自然環境は，当たり前に季節は移ろいでいる．

在宅勤務（リモートワーク）という働き方が浸透していくこととなった．しかし，実は，在宅勤務が可能な職種はごくごく限られていることに気づかなかればならない．

感染者の治療を行う医療や介護従事者をはじめ，スーパーマーケットや物流に従事する多くの方々，このほか市民の生活基盤を支える職種に従事する方々は，感染の恐れのあるその場に出向き，職務を全うしている．そのおかげで，多くの在宅勤務者の生活は成り立っている．もうひとつ，筆者は目を向けなければならないと考えているのは，農作物を作る農業従事者への視点である．おうち時間，と称したところで，確実に季節は移ろっていく．つまり，春になれば花が咲き，作物は実をつける．やがて，収穫の時を迎える．感染症とは関係なく，種まきや収穫の時は，一方的にやってくる．

農山村に住まう人々の生活と，その生活の実態，そしてそこに暮らす精神障害者への相談援助を通して暮らしを支えようとしているソーシャルワーカーの実践から，これからのソーシャルワークのひとつの方向を考えていこうと思う．

本書では，筆者の造語である「農村ソーシャルワーク（Rural Social Work：ルーラル・ソーシャルワーク）」を中心的な概念としてすえつつ，いくつかのこれまでの調査等によって本書を展開した．この農村ソーシャルワークには，「農業従事者の福祉的課題とその支援」ということを含みつつ「現代農山村の住民の福祉的課題とソーシャルワーク実践」という観点から，農村ソーシャルワーク，とした．この農村ソーシャルワークに着想したのは，筆者が，熊本県北部の農村で生まれ育ったことにある．筆者は幼少時，夏になれば川で小魚を手づかみし，冬になれば休耕田をグラウンドにしてサッカーをしたりして育った．その後，精神科医療機関のソーシャルワーカーとして実践経験を得た．精神科医療機関では，長期に精神科病院に入院していた患者の退院援助を数多く行った．退院先は，病院に近いアパートであることが多かったが，しばしば，生まれ故郷の農村に退院する方があった．病院からも遠く，急変時にはすぐに病院職員が駆けつけることが地理的に難しい状況にありながらも，そこに暮らす方があった．筆者の幼少期の体験と精神科医療現場での実践経験とから，本書は大きな影響をうけている．

さて，本書の構成についてである．前半は，ソーシャルワーク実践に関する調査をもとに構成した．ソーシャルワーク実践，なかでも精神科ソーシャルワーク実践に着目し，生活を支えるソーシャルワークについて考えていった．そして後半では，本書のテーマでもある農村ソーシャルワークという構想について展開した．

これまで，農山村，中山間地域における福祉的課題は，人口の高齢化や人口減少問題，また地理的に不利な条件としての交通の問題などがあげられる一方で，住民同士のつながりとか助けあいが強い，といった捉えられかたが多いのではないだろうか．しかし，筆者が見た現代農山村住民の暮らしは，世間が一般に思い描くイメージのそれとは違っていた．

現代農山村の住民の暮らしと福祉的課題に気づき，そして，生活を支えるという観点から支援にたずさわるソーシャルワーカーの実践について考えていくことでこれからの社会についても考える手がかりがあるのではないだろうか.

Contents

第1章

「ふるさと（農山村）に退院する」という意思決定を支える退院援助

―精神科ソーシャルワークの実践―

I　精神科ソーシャルワーカーに求められる一つの役割の背景

現在，わが国の精神保健福祉施策は「入院医療中心から地域生活中心へ」というスローガンのもと，地域を基盤とした施策の展開や実践が行われている．特に長期入院精神障害者（以下，クライエントとする）に焦点をあてた福祉施策の整備・充実への取り組みは喫緊の課題である．1年以上の長期入院者は約20万人（入院中の精神障害者全体の約3分の2）であり，そのうち毎年約5万人が退院しているが，新たに毎年約5万人の精神障害者が1年以上の長期入院に移行している現状が報告されている（厚生労働省，2014）．また，厚生労働省（2014）は「長期入院精神障害者の地域移行に向けた具体的方策の今後の方向性（長期入院精神障害者の地域移行に向けた具体的方策に係る検討会取りまとめ）」において「退院に向けた意欲の喚起」の重要性を挙げている．

一方で，長期間の入院生活を送ってきたクライエントにとって退院では青木が指摘するように，「精神科病院に20年間入院継続をしている精神障害者は，アパートが確保されたからといって，すぐに気持ちが地域へ向かうわけではない」ということが起こりうる（青木，2013：213）．つまり，精神科病院に長期入院しているクライエント自身が，退院の意志を決定するまでに，精神科ソーシャルワーカーはどのような実践によって，その意思決定を支援しているのか，という点について実践にアプローチしていく必要性があると考えた．

そこで，本研究は，精神科病院に勤務する精神科ソーシャルワーカーによるクライエントの「退院の意思決定」を支える退院援助実践を明らかにすることを目的とした．

Ⅱ　本研究における方法について

Ⅱ－1．調査概要

1〈調査協力者選定〉

本研究では，精神科病院での経験年数が5年以上の精神科ソーシャルワーカーであり，長期入院のクライエントの退院援助の実践経験がある精神科ソーシャルワーカーとした．

2〈分析方法の選択〉

精神科ソーシャルワーカーとクライエントとの退院援助実践のプロセスという社会的相互作用に着目していること，ヒューマンサービス領域を対象とすることから，分析方法として木下(1999, 2003)が提唱する修正版グラウンデッド・セオリー・アプローチ(以下，M－GTAとする)を採用した．

3〈倫理的配慮〉

調査協力者に対して，事前に本研究の目的及び方法について口頭並びに文書を用いて説明し，書面による調査協力の意思確認を行った．なお本研究の実施にあたっては，事前に調査実施当時に在籍した機関が設置する研究倫理委員会にて審査・承認を得た．

4〈インタビュー調査〉

調査にあたって，「長期入院のクライエントの退院援助ではどのようなことを行ったのか」というインタビューガイドを準備して半構造化面接によって実施した．MDレコーダーに録音することを説明し，了承を得た上で録音した．調査期間は2008

年7月～2013年10月となった．インタビュー時間は，1回あたりおおむね2時間程度であった．

Ⅱ－2．調査協力者の属性

調査協力者の選定条件に合致している上で，かつ筆者が職能団体等で面識があり調査協力依頼を快諾して下さった方を調査協力者とした．調査協力者の属性は，男性8名，女性9名である．精神科病院のソーシャルワーカーとしての経験年数は，9年～39年で，経験年数は平均21年であった．経験年数の内訳は，9年～15年が6人，16年～20年が4人，20年～30年が4人，30年以上が3人であった．全員が精神保健福祉士の登録を行っていた．

Ⅱ－3．分析テーマおよび分析焦点者

分析テーマを「精神科ソーシャルワーカーがクライエントによる退院の意思決定を支えるプロセス」とした．分析焦点者を「クライエントの退院援助を行う精神科病院の精神科ソーシャルワーカー」とした．

Ⅱ－4．分析内容の妥当性の確保

分析内容の妥当性の確保のために，分析の過程においてM-GTAや質的研究に詳しい研究者からの個別スーパービジョンを受け，かつ質的研究に関心のある研究者でメンバー構成された研究会等において報告し，分析内容の妥当性の確保につとめた．

Ⅲ　インタビュー調査の結果について

Ⅲ－1．概要とストーリーライン

分析ワークシートを用いて分析を行っていった結果，35 概念，14 サブカテゴリー，6 カテゴリーを生成した．カテゴリーを〈　〉，サブカテゴリーを〔　〕，概念を‘　’，データを「　」でそれぞれ表す．以下にストーリーラインを示す．

精神科ソーシャルワーカーがクライエントの退院への意欲を引き出しクライエント自身が退院の意思決定を支えるプロセスとは〈クライエントが本来持つ力を退院援助の起点に据える〉と〈クライエントの人生全体を見通す視点をもって援助にかかわる〉援助観を基盤とする．ところが，退院援助はスムーズにすすむわけではなく〈足踏みする退院援助〉という状況が生じる．〈足踏みする退院援助〉はそれ以後それぞれの段階に影響を与えるも〈一人ひとりとひらかれ

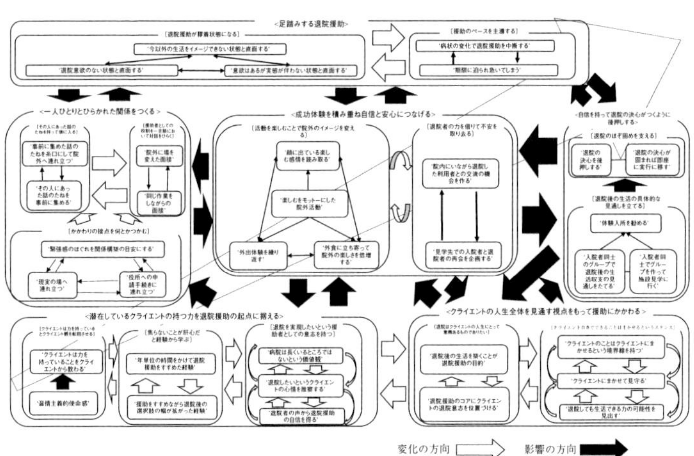

図1－1．クライエントの「退院の意思決定」を支える精神科ソーシャルワーカーによる退院援助実践プロセス

た関係をつくる〉実践を積み上げていく．その後〈成功体験を積み重ね自信と安心につなげる〉実践をし，精神科ソーシャルワーカーがクライエントを〈自信を持って退院の決心がつくように後押しする〉プロセスであった（図1－1）．

Ⅲ－2．分析結果

1 〈クライエントが本来持つ力を退院援助の起点に据える〉

(1)〔クライエントは力を持っていると援助観を転回させる〕

病気や障害によってクライエントは何もかも援助すべき存在だととらえ，その結果，専門家であるワーカーの力だけで援助はできると考えたり，代理行為をする‘温情主義的使命感’を持っていた．しかし「他の患者さん，集団の中での人と人とのかかわりの中で，患者さんのお世話をするまでに変わっていった．それを見て，病院の職員だけで何とかなると思っていたのは，自惚れだったんだって，教えてもらったのは」とクライエントは本来力を持っているということを，クライエントから教わったと認識する‘クライエントは力を持っていることをクライエントから教わる’へとクライエントへの援助観を転回していた．

(2)〔焦らないことが肝心だと経験から学ぶ〕

クライエントにペースをあわせながら丁寧に退院援助を進めていこうとするには，年単位の時間の時間が必要になるのを経験的に知っていることが‘年単位の時間をかけて退院援助をすすめた経験’である．その経験と，精神科ソーシャルワーカーが，クライエントに対して退院援助に向けてはたらきかけて，クライエントの退院後の生活の場の選択の幅を広げていく‘援助をすすめながら退院後の選択肢の幅が拡がった経験’とによって，実践経験を積み重ねてくことで焦らないことを重視できるようになっていた.

(3)〔退院を実現したいという援助者としての意思を持つ〕

「ずっと病院にいるのは，良くないと思うし，ニーズがあれば答えていかなきゃいけないって思うし」というように，精神科病院には必要がなければ長く入院するところではないというのが‘病院は長くいるところではないという価値観’である．これは精神科ソーシャルワーカーが，現在は退院に対して消極的であったとしても，退院後の生活への不安や心配が解消され，退院後の生活への自信がつけば，クライエントの胸中は退院したいはずだと心情を推察する（‘退院したいというクライエントの心情を推察する’）．そして，退院して地域で生活している利用者から「退院してよかった」という実感の声から，退院援助をすすめていくうえの自信を得る（‘退院者の声から退院援助の自信を得る’）．

2 〈クライエントの人生全体を見通す視点をもって援助にかかわる〉

(1)〔退院はクライエントの人生にとって意義あるものでありたい〕

精神科ソーシャルワーカーが，退院援助を展開していく際には，クライエントの退院意思を‘退院援助のコアにクライエントの退院意思を位置づける’．これまでの退院援助の経験を通して，クライエントが退院していくに大事なことは，地域で生きていく場を再び取り戻すことだと認識し，退院援助では地域にクライエントの暮らしを取り戻していくのを目指そうとする‘退院後の生活を築くことが退院援助の目的’を確認している．

(2)〔クライエント自身でできることはまかせるというスタンス〕

一方で，退院意欲がみられないクライエントとのかかわりでは，精神科ソーシャルワーカーが，クライエントへの退院援助において，ワーカーとしてできることとワーカーとしてできないこととの区別をし，援助に境界を設けて不必要な介入を回避しようとする‘クライエントのことはクライエントにまかせるという境界線を引く’こととなる．そのためには，精神科ソーシャルワーカーが，クライエント自らから，やってみたいことがあるとチャレンジの希望があったときに，たとえそのチャレンジが失敗する可能性を予測できたとしても，その失敗が生命や体調には大きな影響がない範囲であると判断したうえで，自ら希望したという主体性が芽生える好機ととらえ，クライエントにまかせて，あとは見守り，クライエントが自ら取り組む機会を保証できることが重要である（‘クライエントにまかせて見守る’）．それを支えているのは精神科ソーシャルワーカーが，クライエントの普段の入院生活の行動を観察して，退院したとしても地域で生活できる能力はあるという可能性を見出しているからであった（‘退院しても生活できる力の可能性を見出す’）．

3〈足踏みする退院援助〉

(1)〔退院援助が膠着状態になる〕

長期入院がクライエントに及ぼす影響から，退院援助がスムーズには進まない場合がある．「（退院の）意思がないことは，ほんと，つらいですけど．本人の意思をどうやって実現していくかってところだろうねぇ…」という退院を視野に入れた援助を展開していこうとするにあたって，退院意欲を失った状態に直面する（‘退院意欲のない状態と直面する’）．次に，精神科ソーシャルワーカーが，長期間の入院生活によって，クライエントは現在以外の生活についてイメージを膨らませられないという状態に直面する（‘今以外の生活をイメージできない状態と直面する’）．クライエントから退院の積極的な意思を示されるものの，精神科ソーシャルワーカーが，クライエントの言動を見て，退院後の生活のイメージと生活能力とが不足しており，現実感を喪失している状態と考えれば，退院意欲は尊重しつつも，退院後の生活イメージを獲得するというクライエントが現実感を呼び戻す内容からスタートしなければならない状況もある（‘意欲はあるが実態が伴わない状態と直面する’）.

⑵〔援助のペースを主導する〕

退院援助を進めていくなかでは，クライエント本人の病状が変化した際には，医療職ら他職種と十分検討し，クライエントの状態改善を最優先して退院援助を中断する場合も生じる（‘病状の変化で退院援助を中断する’）.

一方では，医療職からの退院援助依頼に退院までの期限が設定されていた場合，その期限に間にあうように援助計画を立て，精神科ソーシャルワーカーが主となって導くかたちをとり，急いで援助を展開することも起こる（‘期限に迫られ急いてしまう’）.

④〈一人ひとりとひらかれた関係をつくる〉

⑴〔かかわりの接点を何とかつかむ〕

退院援助の展開が足踏み状態のなかにあって，精神科ソーシャルワーカーは関係の形成からはじめていく．それには次のことを段階に応じて，また並行してすすめる．クライエントと日常的にあいさつをかわしたり，雑談できる関係性をつくり，クライエントとの間にあった緊張感を和らげ，退院援助に向けた関係を形成していく（‘緊張感のほぐれを関係構築の目安にする’）．そして，少しずつ外出機会の提供へとつなげていくこととなる．外出にはいくつかある．ひとつには，クライエントが退院したら戻りたいと言っている場所にいっしょに出向き，クライエントの長期的な入院の経過によって，クライエント自身の記憶にあった頃の風景とは変化している現実に直面する場面に付き添う．これは‘現実の場へ連れ立つ’．クライエントが入院生活を継続していく上で必要となる助成制度やサービスの手続きを理由に，役所の窓口への外出に誘う（‘役所への申請手続きに連れ立つ’）．

⑵〔その人にあった話のたねを持って懐に入る〕

そして，クライエントと親しい関係をスムーズに構築するには打ち解けた会話が大事になると考え，クライエントが口にする言葉に関心を払ったり，クライエントの病棟での日常的な行動を観察したり，他職種からクライエントの興味の情報を聞いて，前もって，それぞれのクライエントとの話題に取り上げられる材料を集める（‘その人にあった話のたねを事前に集める’）．外出体験が乏しいクライエントに対して事前に得た情報をきっかけに，具体的な外出行動に結びつけることを行っていた（‘事前に集めた話のたねを糸口にして院外へ連れ立つ’）．

⑶〔援助者としての役割を一旦脇において対話をひらく〕

クライエントとやりとりしていく上で特徴的であったのは，精神科ソーシャルワーカーは役割を脇におき，クライエントと人間同士の位置づけをとることでクライエントと本音で語りあう姿である．クライエントとお互いにリラックスして面接するために，院外に場所を変えていた（‘院外に場を変えた面接’）．もしくは，クライエントと同じ作業を行って，クライエントとお互いにリラックスした状況を作り出して面接していた（‘同じ作業をしながらの面接’）．

第1章

5〈成功体験を積み重ね自信と安心につなげる〉

⑴〔活動を楽しむことで院外のイメージを変える〕

外出体験の少なかったクライエントにとって，院外はどんな場所なのかわからず，不安が高まり，その結果外出しない，という意思表明につながっていくことがある．そこで，精神科ソーシャルワーカーは外出に工夫を凝らし，その結果，クライエントの院外のイメージを変えていこうとしている．精神科ソーシャルワーカーが，外出体験の機会が少ないために不安感や抵抗感の強いクライエントに対して，これから外出体験の機会を提供していこうとする際には，「楽しむ」という要素を積極的に取り込んでいる（‘楽しむをモットーにした院外活動’）．

しかし，クライエントと外出を始めたばかりの段階で，クライエントの感想を確かめたいときに，クライエントが言葉ではネガティブな感想を表現するものの，外出時には楽しそうな表情を見せることから外出効果の手応えをつかんでいる（‘顔に出ている楽しむ感情を読み取る’）．次に，外出に抵抗感を持つクライエントと外食に立ち寄り，外食体験を通して，外出を楽しみに思えるような機会を提供する（‘外食に立ち寄って院外の楽しさを倍増する’）．そして，クライエントとの外出体験を繰り返して，クライエントの外出への抵抗感を軽減させていく（‘外出体験を繰り返す’）．

⑵〔退院者の力を借りて不安を取り去る〕

次に，精神科ソーシャルワーカーが，すでに退院して地域で暮らしている利用者を院内に招いて，地域生活に関心を持ちはじめたクライエントと交流できる機会をセッティングする（‘院内にいながら入院者と退院者の交流の機会を作る’）．そして，外出体験の一環としたクライエントと事業所等の施設見学に行く際にはクライエントの知っている利用者が働いている事業所等を選び，現地でクライエントが利用者と再会できる機会をセッティングしている（‘見学先での入院者と退院者の再会を企画する’）．

6〈自信を持って退院の決心がつくように後押しする〉

(1)〔退院後の生活の具体的な見通しを立てる〕

退院後はどのような生活になるかという不安にこたえる援助が必要となる．障害者の日常生活及び社会生活を総合的に支援するための法律（障害者総合支援法）に基づく自立訓練（生活訓練）を行う障害福祉サービス事業所等の利用を視野に入れているクライエント同士で小グループを作って見学に行く（‘入院者同士でグループを作って事業所見学に行く’）．並行して，クライエント同士で生活費の収支計算を行い，具体的な見通しを立てて，退院後の生活に対する漠然としていた経済的な心配，不安を減らし‘入院者同士のグループで退院後の生活収支の見通しをたてる’．そうして，クライエントに退院後の住まいとして検討している事業所等への体験利用を勧めて，退院後に変化する生活環境に前もって慣れる機会をセッティングする（‘体験利用を勧める’）．

(2)〔退院の決心を支える〕

クライエントの心情の変化を見極めながら，タイミングよく退院を勧めて，クライエントの退院への意思決定の後押しをすることとなる（‘退院の決心を後押しする’）．そして，これまで退院を視野に入れてはたらきかけを行ってきたものの退院の決心がつかなかったクライエントから，退院を決心した申し出があった場合には，退院に向けて即座に援助を展開する（‘退院の決心が固まれば即座に実行に移す’）．

Ⅳ 精神科ソーシャルワーカーの実践から考える退院援助とは

退院の意志が明らかではないクライエントの意志決定を支える支援について，本研究はミクロレベルでのソーシャルワークに着目した．このことで，社会環境の整備と併せて，心理的サポートもソーシャルワークにおいて重要な支援となることについて見出すことができた．なによりも長期入院精神障害者の退院援助を理解するには，「利用者が関わる問題状況において生活主体者として自己決定能力を高め，自己を主張し，生きていく力を発揮していくこと」(田中，2000：184－185)，という田中のエンパワーメントに関する整理が有用であるといえる．

また，赤沼は，適切な退院支援のためには「支援者側の先入観」だけにとらわれないことの重要性を指摘している(2007：52)．本研究によって，精神科ソーシャルワーカーはクライエントを生活主体者としてとらえ，そして精神科ソーシャルワーカーによるさまざまな働きかけによって退院意欲は喚起できる可能性があることが見出された．

道明・大島は，より効果的な退院促進支援プログラムを実施するために何が必要か，という点について調査結果から考察するなかで，専門職の確保が困難な現状に起因した難しさを指摘している(道明・大島，2011：117)．本研究は，退院の意志決定を支える援助実践に注目したのであるが，丁寧な実践を行うには時間を要する．

さまざまな仕組みのなかで日々実践している精神科ソーシャルワーカーにとって，クライエントとかかわるための十分な時間に制約が生じる状況があること，また人員の適切な確保の課題など，退院の意志決定を支えるための実践の重要性とそのための状況が抱える課題について今後検討していかなければならない.

そして，クライエントの退院への意思決定を支えるということは，クライエントが自ら決定していくことを支えることであり，本研究結果からは，クライエントの傍に寄り添う精神科ソーシャルワーカーの姿が浮かびあがった.

退院の決定を支える実践とは,「意思決定にまつわる情報を獲得・精査し，助言を得ながら決定し，その決定を実現していく一連の過程」(沖倉，2014：144)，そのもののこととととらえることができうるのだろうと考えられる．精神科ソーシャルワーカーが寄り添うということは,「ソーシャルワーカーはクライエントと相対しつつ，自らの意識を内省し，そのときのソーシャルワークの文脈に最も適切な自分の立ち位置を定め，ソーシャルワークの価値に根差した人間観を踏まえてクライエントをとらえる」(大谷，2010：39)，という大谷の指摘する視点にあってこそはじめて成り立つのではないだろうか.

そして，本研究から得られたもうひとつの知見に，精神科ソーシャルワーカーの援助実践では，クライエントの意志決定を中心に位置づけているという点がある．これは，自己決定が重要であるということ以上に，クライエントの人生はクライエントが主人公であるということを具現化しようとしている.

野嶋らは，血液透析患者の自己決定の構造という観点から，自己決定の質を支える要因として,「ａ）現実の認識力，ｂ）願望や価値観のコントロール，ｃ）柔軟性，ｄ）決断への自己関与」を挙げている(野島ら，1997：29－30)．なかでも「決断に際して，いかに自己関与できたか否かが，自己決定の質を支える要因」と指摘している(野嶋ら，1997：30).

クライエントにとって，退院後の地域での暮らしにこそ，大なり小なりのさまざまな意志決定が必要とされる．クライエントの意志決定を支える援助実践において，精神科ソーシャルワーカーは，クライエントの意志決定を中心に位置づけた実践を行うことによって，それはクライエントによる退院の自己決定への関与を可能とする環境を整えていく取り組みであったと考えることができた．しかし，支援者がクライエントを中心に考え，実践しようとする一方で，クライエントが経験している「苦悩」（藤野ら，2007）への関心も支援の中心にすえなければならないといえる．

そして，本研究の限界と今後の課題として次の点をあげておく．まず，本研究は，17 名の精神科ソーシャルワーカーから得られたデータ分析であるため，今後引き続き広く一般化できうるかの検討を行っていく必要がある．また，精神科ソーシャルワーカーの退院援助実践に着目したため，クライエントの声を反映することはできていない．今後，クライエントの調査協力を得ながら研究を進めていく必要性もある．

また，クライエントとのかかわりに着目するという研究であったため，ミクロレベルの結果となった．クライエントにとって意志決定したという経験は，「自尊心と自主性を維持することによって，社会のなかでの自らの貢献を認識することができ，またそのことは自己の知識の増加につながっていく」（John W. and B, C., et al. 1992：8－9）ことだと考えられる．この点については，今後さらに調査研究を進めていく必要があると考えている．

このように，本研究の結果から見出された今後の新たな方向として，精神科ソーシャルワーカーによるクライエントやクライエントを取り巻く環境への具体的な実践について，より広い視点から研究をすすめていく必要性が見出された．

V 病院から農山村をふくめた地域へと生活の場を移すクライエントのためのソーシャルワーク実践

本章は，精神科病院に勤務する精神科ソーシャルワーカーによるクライエントの「退院の意思決定」を支える退院援助実践プロセスを明らかにすることを目的とし，17 名の退院援助経験がある精神科ソーシャルワーカーから得られたデータを M − GTA を用いて分析した．分析の結果，精神科ソーシャルワーカーがクライエントの退院への意欲を引き出しクライエント自身による退院の意思決定を支えるプロセスは〈クライエントが本来持つ力を退院援助の起点に据える〉と〈クライエントの人生全体を見通す視点をもって援助にかかわる〉こととを援助観の基盤とするが，クライエントの退院援助はスムーズにはこぶわけではなく〈足踏みする退院援助〉という状況に立たされる．しかし基盤となる援助観に立ち返り〈一人ひとりとひらかれた関係をつくる〉．その往復が〈成功体験を積み重ね自信と安心につなげる〉ことにつながり，クライエントを〈自信を持って退院の決心がつくように後押しする〉プロセスであることが示唆された．

今後は，本研究で得られた知見をもとに，さらにさまざまな地域でそれぞれにあらたな生活をスタートする利用者にとって必要とされる地域における支援者による支援の方策について検討していきたい．その地域が，たとえ農山村・中山間過疎地域等であっても，そこがその方にとって住み慣れた場所であるならば，いつでも，いつまでも暮らしが営める環境づくりに役立つことができるよう，多角的視点から引き続き誠実に研究に取り組み続けていきたい．

文　献

赤沼麻矢（2007）「精神障害者退院促進支援事業における対象者個別事例の質的比較―ブール代数アプローチを用いて―」『社会福祉学』48（3），42－54.

青木聖久（2013）『精神障害者の生活支援―障害年金に着眼した協働的支援―』法律文化社.

藤野成美・脇﨑裕子・岡村　仁（2007）「精神科における長期入院患者の苦悩」『日本看護研究学会雑誌』30（2），87－95.

John, W. and Brewin, C. , et al.（1992）*Defining mental health needs*, Thornicroft, G. and Brewin, C. and Wing, J. , Measuring Mental Health Needs, American Psychiatric Press, Inc..

木下康仁（1999）『グラウンデッド・セオリー・アプローチの実践―質的実証研究の再生―』弘文堂.

木下康仁（2003）『グラウンデッド・セオリー・アプローチの実践―質的研究への誘い―』弘文堂.

厚生労働省障害保健福祉部長期入院精神障害者の地域移行に向けた具体的方策に係る検討会（「精神障害者に対する医療の提供を確保するための指針等に関する検討会」から改称）（2014）『長期入院精神障害者の地域移行に向けた具体的方策の今後の方向性』.

明道章乃・大島巌（2011）「精神障害者退院促進支援プログラムの効果モデル形成に向けた『効果的援助要素』の検討―全国18事業所における1年間の試行的介入評価研究の結果から―」『社会福祉学』52（2），107－120.

野嶋佐由美・梶本市子・日野洋子・ほか（1997）「血液透析患者の自己決定の構造」「日本看護科学会誌」17（1），22－31.

沖倉智美（2014）「第Ⅲ部　方法　34自己決定支援―支援つき意思決定の可能性―」岩崎晋也・岩間伸之・原田正樹編『社会福祉研究のフロンティア―The Frontiers of the Study on Social Work and Social Welfare Policy―』有斐閣，144－147.

大谷京子（2010）「精神保健福祉領域におけるソーシャルワーカー―クライエント関係に関する実証的研究―『ソーシャルワーカーの自己規定』『対象者観』『関係性』概念を用いて―」『社会福祉学』51（3），31－43.

田中英樹（2000）「精神障害者のエンパワーメントに関する実証的研究―精神障害者の聞き取り調査を通して―」『佐賀大学紀要』4（2），167－85.

第 2 章

精神障害者の地域移行支援の展開と現代農山村における福祉的支援に対する求援力

現在，わが国の社会状況は，少子高齢社会から，さらに，人口の流出と集中，人口減と人口に関する課題にも社会の変化に伴って変化がみられる．

東京，大阪，名古屋等の大都市への人口集中と，とくに地方における人口減少は大きな課題である．なかでも，地方における人口減少問題については，これは，これまでも“限界集落”ということばが生み出されるなどして社会においても課題として取り上げられてきた．その一方，近年では，地域再生，移住，都会から地方への人口移動や，地方自治体では地域おこし協力隊など関心が持たれている．地方では，高齢や地理的条件によって日常品の買い物が難しい住民を買い物難民と表現し，その状況に対して移動販売や通信販売などの手立てが講じられている．地方では，商店が構えているのではなく，商店の側が地域へ出向いているのである．

本章では，中山間過疎地域等に住み続ける精神障害を抱えつつ生活している利用者への生活支援について検討していくために，精神保健福祉士と精神科訪問看護とに着目し，その可能性について検討し，また中山間地域等について，他領域における知見を得ながら整理を試みたので報告する．

I 「中山間地域等」とは

まず，本章の中心的環境である中山間地域等について，確認していきたい．中山間地域等は，農林水産省の農業地域類型区分による山間農業地域，中間農業地域であり，農林水産省の定義では，「平野の外縁部から山間地（農林水産省，2015）」とされる．さらに，細やかには，①「過疎地域自立促進特別措置法」に基づき公示された過疎地域及び過疎地域とみなされる区域，②「特定農山村地域における農林業等の活性化のための基盤整備の促進に関する法律」に基づき公示された特定農山村地域，③「山村振興法」に基づき公示された振興山村地域，④「半島振興法」に基づき公示された半島振興対策実施地域，⑤「離島振興法」に基づき公示された離島振興対策実施地域，とされている．行政における中山間地域等についての分類は，行政サービスを考慮，提供していくには有用である一方，人の生活という側面からは，これらの定義だけでは見えにくい．つまり，中山間地域等に関する定義については，制度的な枠組みによる整理を用いられていることが多く，本研究の中心的関心である生活という観点からの整理に用いるには乖離する印象が否めない．

人の生活という観点から，中山間地域等について，もう少し理解をすすめておきたい．高野は過疎地域に関して「単に人口が少ない地域（sparsely populated area）というよりも，短期間に急激な人口減少に見舞われ，さまざまな生活課題が生起している状態（depopulated area）」（高野，2014：128）としている．たとえば，急激な人口の減少によって，その村や集落がそれまで継承し続けてきた文化や伝統が失われていくということはわが国にとって大変な社会的な損失といえよう．中山間地域等という概念について鈴木（2014）は「中間農業地域と山間農業地域のふたつを合わせた表現（2014：1）」とし，さらに「農業が展開される上での条件不利地域の代名詞（2014：1）」としている．また過疎農山村をフィールドとして研究した山本は，過疎地域における今日的課題として，「（ i ）なぜ，過疎地域から人々が出て行くのか？（2013：9）」という以前の中心的課題に加えて，次の二点を示している．すなわち，「（ ii ）過疎地域で人々はいかに暮らして（残って）いるのか？」「（iii）何故，過疎地域に人々は入ってくるのか？（2013：9）」ということである．なかでも，山本は，（ ii ）の命題にそった研究を「定住人口論的過疎研究（2013：9）」，（iii）の命題にそった研究を「流入人口論的過疎研究（2013：9）」とし，併せて「生活人口論的過疎研究（2013：9）」としている．

本章では，農山村・中山間地域等であっても，住み続ける精神障害者へ安定した生活のために，訪問型の支援にできることは何なのか，という問から発せられていることから考えれば，「定住人口論的」研究ということになろう．

また，とりわけ，これまで，中山間地域等に関する研究では，地域そのものの存続に関する研究や高齢者の生活に焦点を当てた研究は多く見られる．そこで，農山村・中山間地域等で生活する障害者，特に精神障害者への支援としての精神科訪問看護に関する研究について次節以後検討を行っていった．

Ⅱ 先行研究から考える精神科訪問看護，訪問型の支援とは

Ⅱ－１．精神科訪問看護に関する先行研究

論文検索エンジンCiniiを活用して先行研究の検討を行っていった．“精神科訪問看護”というワードでは，223編のヒットがあった（2015年11月30日検索）．なかでも，長期入院精神障害者の地域移行支援に関する内容を取り上げている精神科訪問看護の論文二編を取り上げ，検討していった．

1993年の久山による「長期入院を経て退院する精神障害者への訪問看護」である．同論文は，事例検討を中心にすすめながら，精神科訪問看護においてクライエントと家族との双方へのサポートと，その双方へのサポートの結果，家族間のサポート力が向上していくこ

とを明らかにしている．なかでも，長期入院を経験したクライエントの退院後の地域生活における精神科訪問看護の役割として，「社会資源をどう活用し連携するかということも訪問看護の重要な課題（久山，1993：95）」と指摘されており，精神科訪問看護の実践においては，単なるフィジカルケアだけでなく，ソーシャルな点からの支援も必要とされることがわかる．

福原・藤野・脇﨑（2013）による「精神科訪問看護師が抱く精神科長期入院患者の退院促進および地域生活継続のための看護実践上の課題」では精神科長期入院患者の退院促進および地域生活継続のための看護実践に関する知見を得るために，精神科訪問看護師を対象に聞き取り調査を行っている．同論文では，病棟看護師が長期入院患者の退院支援に積極的に取り組む契機として「実際に，訪問看護を体験することによって地域で暮らす患者の生の生活が把握でき，現実的な退院指導の指標を持ちながら，退院に向けてのセルフケア援助を行うことが可能（2013：47）」と指摘している．

長期入院精神障害者を対象とした精神科訪問看護についての看護師を中心とした研究では，精神科訪問看護の果たす重要性が高まっていることがうかがえる．精神科訪問看護に関する先行研究では，実践報告が中心であり，このことから実践報告からの理論的な探究も重要な局面に入りつつあるということがうかがわれる．

Ⅱ－2．農山村・中山間地域等における精神科訪問看護に関する先行研究

次に，農山村・中山間地域等をその対象とした精神科訪問看護に関する先行研究について，検討を行った．

鈴木（2012）は，名寄市近隣町村で精神科訪問看護を実施している医療機関のスタッフを対象に，特に精神科訪問看護における実施された内容と利用者との属性との関連から検討を行っている．鈴木

は，名寄市と近隣町村を過疎の地域として取り上げており，なかでも，地域の交通事情等の理由からデイケア等の定期利用登録ができない利用者にとっては，精神科訪問看護が「必要な医療と生活支援を実施している（2012：42）」ことを明らかにしている．また，一方で，同研究における対象範囲が広範囲であることから，「市外の場合には使用頻度の増加が難しい」という現実的課題もあわせて示されていている．

また豊島・鷲尾（2012）は，九州地方における一般の訪問看護施設を対象に，精神科訪問看護の実施率について調査を行っている．同論文では，回答のあった一般施設のうち，精神科訪問看護を実施しているのは43.8％であることが報告されている．精神科訪問看護を実施していない施設の管理者への精神科訪問看護を実施しない理由についての項目では，「精神科医師や精神科看護の経験者がいないことや精神科看護のむずかしさ等（2012：111）」が挙げられていることが報告されている．

鈴木（2012）の指摘では，過疎地域等に暮らす精神障害者にとっては精神科訪問看護が生活の安定化のためには欠かせないことが明らかにされている．さらに，一つの事業所が広範囲をカバーすることで，地方であっても中心部における支援のための訪問回数は距離的要因等から増やすことができても，いわば地方の地方部となると訪問の回数を増やそうとしても難しさがあると考えられる．地方のなかにも，また中心部と地方部とでは，困難さが生じていると考えられるである．豊島・鷲尾（2012）の調査では，地域偏在等の状況が起こりうる可能性が提起されている．

これらの知見から，精神科病院やクリニックが持つ訪問看護ステーションだけでカバーできない状況も起こりうることを考えれば，より充実した体制の構築が急がれるところである．

Ⅱ－3．農山村・中山間過疎地域等における精神科訪問看護における精神保健福祉士の重要性に関する状況

精神科訪問看護における精神保健福祉士の役割について診療報酬においては，2012（平成24）年度の診療報酬体系の見直しのなかで，精神科訪問看護基本療養費よりも，精神保健福祉士が同行する精神科訪問看護の精神訪問看護・指導料は診療報酬上高い設定となっている．さらに，2014（平成26）年度の同改定では，精神科重症患者早期集中支援管理料のチームの職種の一つとして精神保健福祉士（常勤）があげられている．このように，精神科訪問看護において，特に精神保健福祉士の果たす役割が期待される状況にある．

実践現場では，すでに，多くの精神科医療機関やクリニックを中心に精神科訪問看護ステーションなどで精神保健福祉士が，精神科訪問看護に従事している．筆者も，精神科医療機関に勤務していた頃には，退院して地域で生活している利用者宅へ看護師らとともに訪問を行っていた経験がある．その時の経験では，看護師が体調面でのアセスメントや看護を実践し，精神科ソーシャルワーカーであった筆者は，地域で暮らすという日常生活の面における相談援助を行っていた．しかし，当時は，精神科訪問看護について学ぶ機会があまりなく，その経験も，本研究の着想のきっかけとなっている．

さて，論文検索Ciniiについて，“精神科訪問看護＋精神保健福祉士”と入力し論文検索すると実践報告がみあたり，実践において示唆に富む内容であり，さらにこれから中山間地域等における訪問型の支援における精神保健福祉士の役割や機能という観点から，実践からの理論化という課題を見いだせると考えられた．現時点では検索のヒット数が少ないものの，今後実践や研究ということとが蓄積されていく分野であろう．

農山村・中山間過疎地域等に暮らしながらも，「生の営みの困難」

（窪田, 2013：7）とともに生きる市民を支えていくことがソーシャルワーカーのひとつの大きな役割である．そこには，地理的条件も含みつつも，ともにどのように創造していくのかが重要となる．

Ⅲ 訪問型支援，なかでも農山村に暮らす人々のための支援について

本章は，中山間地域等に関する定義の確認，精神科訪問看護に関する文献の検討，中山間地域等を対象とした精神科訪問看護の文献の検討，精神保健福祉士と精神科訪問看護に関する文献の検討を中心に行ってきた．農山村・中山間地域等について，社会学において先駆的な研究があること，農林水産省による中山間地域等に関する定義があることについて整理した．また，精神科訪問看護については，看護師による文献が見あたること，中山間地域等を対象とした精神科訪問看護に関する先行研究では実践に関する研究があり，これから，理論的な研究についても必要性が見出された．なかでも，中山間地域等における精神科訪問看護において，精神保健福祉士が果たす役割は大きいと考えられ，今後は，地理的な条件が不利と見られることの多い農山村・中山間地域等における精神保健福祉士による訪問型の相談支援についての調査に取り組んでいく必要が見出された．

また，さらに，この検討課題を発展させていくための要点として，髙木は次のことを挙げている（2015：178－79）．すなわち，精神科訪問看護における精神保健福祉士の果たす役割について，農山村・中山間過疎地域等における精神保健福祉士による訪問相談支援のエビデンス蓄積の重要性である．

農山村・中山間地域等における生活を支えるということとは，文字通り，その市民が，住み慣れた場所で暮らし続けたいという願いを実現させることのできる社会を維持し続けることなのではないかと考えている．そして，地理的に不利だと考えられる状況であったとしても，そこで暮らしたいというひとり一人の市民のおもいにこたえることのできる社会を維持し続けていくための方法をこれからも考え続けていかなければならない．

第2章

引用・参考資料

福原百合・藤野成美・脇﨑裕子（2013）「精神科訪問看護師が抱く精神科長期入院患者の退院促進および地域生活継続のための看護実践上の課題」『国際医療福祉大学学会誌』18（2），36－49.

窪田暁子（2013）『福祉援助の臨床―共感する他者として―』誠信書房.

久山とも子（1993）「長期入院を経て退院する精神障害者への訪問看護」『千葉県立衛生短期大学紀要』12（7），87－96.

農林水産省農村振興局農村政策部地域振興課（2015）「中山間地域等とは」『農林水産省ウェブサイト』[http://www.maff.go.jp/j/nousin/tyusan/siharai_seido/s_about/cyusan/]（2015.12.14. 検索）.

鈴木敦子（2012）「当院における精神科訪問看護の利用状況と支援内容―デイケア利用状況，地域特性による比較―」『名寄市立病院医誌』20（1），38－43.

鈴木康夫（2014）『中山間地域の再編成』成文堂.

高野和良（2014）「第Ⅱ部　対象　31 過疎地域（中山間地域・限界集落―過疎地域の生活支援と地域再生）―」岩崎晋也・岩間伸之・原田正樹編『社会福祉研究のフロンティア―The Frontiers of the Study on Social Work and Social Welfare Policy―』有斐閣，128－131.

髙木健志（2015）「中山間過疎地域等における精神保健福祉士による相談支援の必要性に関する一考察」『山口県立大学社会福祉学部紀要』21，171－181.

豊島泰子・鷲尾晶一（2012）「精神科訪問看護の実施に関連する要因の検討―九州地方における調査から―」『日本地域看護学会誌』15（2），107－113.

山本　努（2013）『人口還流（Ｕターン）と過疎農山村の社会学』学文社.

第 3 章

農山村・中山間過疎地域等の訪問支援の可能性に関する研究

―訪問支援を行う支援者へのインタビュー調査から―

I　ソーシャルワーカーが訪問して支援すること

わが国の精神保健医療福祉は,「入院医療中心から地域生活中心へ」へと大きな転換がはかられ, 地域を基盤とした支援が展開されている. 地域で生活していくことを基盤とするならば, 支援者は, 従来のように精神科医療機関や事業所等で待つのではなく, 支援者が積極的に地域に出向いて支援を展開していくことという支援の在り方の転換ともとらえることができうるであろう. そうすると, これからますます支援者による訪問支援が, 地域で生活する利用者にとっては重要な意味を持つこととなる. 訪問支援は, 精神保健医療福祉の領域のみならず, さまざまな領域で実施されている (伊達, 2011；池口ら, 2013；加藤ら, 1978). ソーシャルワークにおいては, 浅賀 (1965) の指摘によれば, 訪問支援こそソーシャルワークの中核をなしていた (2－3). 浅賀は訪問カウンセリング (1965：2) と表現しているが, 今日精神保健医療福祉領域においては, 訪問看護や訪問支援と称して展開されている. 筆者による精神科訪問看護を主とした訪問型支援に関する報告等は多くあった. まず, 1996年の澤による「精神障害者の社会復帰を支援する訪問看護のあり方に関する研究」があげられよう. 同報告では, 当時の精神保健医療福祉領域における訪問看護ステーションの現状から, 精神科訪問看護事業所をこれから立ち上げていこうという際には手引きとして用いることができるほど詳細に報告されている. さらに「職員の大部分が, 精神病院での勤務経験がある」ことが指摘されている (1996:7). また, 精神科訪問看護に関する実態調査として, 1997年に日本精神科看護技術協会が精神科訪問看護に関する実態調査を報告している. 同報告では, 460の精神科を標榜する病院に対して精神科訪問看護の実施状況を調査している. 57,2%が実施しているという回答結果が報告されているものの，実施していない機関の多くは，マンパワー不足をその大きな要因として挙げている（1997：3）．両者の結果を照らしあわせると，かなり雑駁なとらえ方であるが，精神保健医療福祉領域における訪問型支援における人材は，精神科領域特に医療機関の勤務経験を持つ人材が好ましいものの，そのような人材が，なかなか広く訪問看護ステーションをはじめとした訪問型支援を展開する事業所等に勤務する場合が少ないために，マンパワー不足の状態が生じ，その結果，精神科訪問看護をはじめとした訪問型支援の重要性は認識しているものの，実施するまでには至っていない事業所が，4 割ほどはあった，ということになる．

一方で，萱間（2004）は，地域での生活を考えると，患者のケアにおける目標の設定が，地域での生活を自分らしく組み立て，そのために必要なサポートを自ら求めることができることに変わるのである，と指摘している（2004：87）．

訪問型支援の重要性は，アウトリーチ事業などで訪問支援の重要性については認められており，制度化，また診療報酬における点数化され，訪問支援は重要であることの意義は確かめられている（髙木，2016）．しかし，訪問支援について，その項目については挙げられているものの，どのような実践が，どのような関連付けをなされながら展開されているのか，という点について筆者が行った先行研究の検討の範囲では見当たらなかった．本研究の限りにおいては，訪問による支援において，どのような実践が行われているのかということに接近することで，地域で生活する当事者にとって有用な知見を得ることができるのではないかと考えた．

そこで，職種別ではなく支援者として包括的に設定することで，地域生活を営む精神障がい者の訪問型支援における支援者の実践内容を明らかにすることを目的とした．

Ⅱ　研究方法

Ⅱ－1．調査方法

本研究では，利用者の訪問時における支援者の実践を明らかにすることを目的としていることから，探索的調査と位置づけ，探索的調査に適した調査方法として，面接調査によってデータを得る質的調査を選択した．さらに，研究目的を達成するために，本研究では，精神障がいを抱えた利用者への支援に携わっている支援者であること・利用者の地域生活における支援に携わった経験があること・利用者への訪問支援を経験していること・実践経験年数が3年以上であること，という4点を調査協力者の選定にあたっての条件として設定した．

面接調査におけるインタビューガイドは「訪問支援における実際の支援」である．面接調査は，継続的に実施した．その結果，調査期間は，2015年9月～2016年3月まで，4名の支援者を対象とすることができた．面接時間はおおむね70分～90分で，調査は事前に承諾を得たうえで，ICレコーダーで録音のうえ，逐語録化した．調査協力者である支援者の性別および実践経験年数は，男性2名，女性2名であり，全員実践経験年数は12年～20年で，経験年数は平均16,25年であった．

Ⅱ－2．分析方法の選択

本研究では，訪問支援における実践内容を明らかにすることを目的としていることから，データのバリエーションの豊かさに比重のある質的方法を採用した．様々な方法があるが，最も重要なことは，佐藤が指摘しているように，調べようと思っている調査対象にとって最もふさわしいデータ収集とその分析技法を模索していくことの方が，はるかに重要となってくるのだと言える，と考えられる（2012：86）．本研究では，データを活かしつつ，構造を明らかにすることを目的とすることから，佐藤による定性的コーディング（2014）の方法を参照して分析方法とした．

Ⅱ－3．倫理的配慮

本研究の実施にあたっては，調査協力者に対して，事前に本研究の目的及び方法について口頭並びに文書を用いて説明し，書面（同意書）による研究参加の意思確認を行うとともに，個人情報保護に努めることも説明した．なお本研究の実施にあたっては，事前に当時の所属研究機関にて審査・承認を得たうえで実施した．

Ⅱ－4．分析内容の妥当性の確保

分析内容の妥当性の確保のために，分析の過程において質的研究に詳しい研究者からの助言を受けるなどして妥当性の確保のための手立てをとった．

Ⅲ　研究結果

得られたデータを分析していった結果，17 コード，7 カテゴリーを生成した（表 3－1）．カテゴリーを〈　〉，コードを〔　〕，語りを「　」で示した．

分析結果から，支援者側の要因と，その要因に影響を受けている実践という 2 点が生成された．そこで，以下に「支援者側の要因」に関連するカテゴリーと「その要因に影響を受けている実践」に関連するカテゴリーとを検討していく．

表３－１．分析結果（一覧）

カテゴリー	コード化単位	分析単位
訪問する支援者として成長する	これまでの実践経験を活かす	・僕は病院のときから，訪問はやっていたけど，行くときは，ちゃんと身構えて行かなあかんのよね．常に状態が安定してないから引きこもっていたりするわけで．（②）／・たぶん，病棟にいるときから，そうやって備わっていったのかなと．もちろん先輩方に教えていただいて，そういったかたちで習得していったのかなとは思うんですけれども．（③）／・いろんな関係者の方とは，お顔合わせをさせてもらう機会が多かったので，そういう意味では，ここの部署に来てからも，仕事は，しやすかったのかなと思いますね．全く初めてではなかったので．（④）
	訪問される側の立場から考える	・最初の抵抗が強いんですよ．よそ者が入ってくるってね．やっぱり見られたくない，家の中を見られるわけだから（①）／・だって，入れてもらえないと終わりやからね．病院の病室だったら，勝手に僕らが入れるやん．こっちの土俵やから，それができるけど，相手の土俵に入っていくって（②）／・やはり人が自宅に入ってくるのは，本来ならば，あまり良くは思わないことも多いとは思う（③）／・やはり，一番は他人の家に入っていく．もちろん訪問看護なんですけれども，他人の家に入っていくというところに関して，入られる側も，やっぱり，あまり気持ちがいいものではないときもあります（③）

カテゴリー	コード化単位	分析単位
訪問する支援者として成長する	過去の実践経験を転移させる	・クライアントがどういう気持ちになるのかを踏まえていかないといけないよというふうには言ってて.（②）／・一つは，結構，病棟経験していた人も多いので，病棟経験は，それでいいかもしれないけれども，訪問になると，こちらが入らせていただくという立場になるので，「それは，その人に合わせた持っていき方をしないとね」というところで．指導と，上から目線は違うというところで．そういうことは一応，その人の視点で行ってもらうということでは，指導なのか，押し付けなのか分からなくなってしまっているので．ですので，そことは違う．それはもう，そのときに，治療しに来ているから，それでいいかもしれないけれども，こっちはご自宅にお伺いさせていただいているのでというところで．（③）
訪問型支援の意義確認	訪問型支援の効果を実感する	・変わっていけるところを，本当に目の当たりに見られますよね．変わると，本当に表情も変わるし，家の中も変わる．そこを実際に見られるところ．（①）／・調子がすごく上がってくる，改善していくところが目に見えて．逆に言えば，見えて良くなるというのは，なかなかないんですけれども．そういった調子が上がっていくところを見られるところであったりとか．（③）／・入院かどうか，すれすれのところを訪問でつないで，状態が改善するとか，入院しなくてよくなったとか．そういったところのケースに立ち会えるときですかね．それは，やっぱり，精神科訪

第3章

カテゴリー	コード化単位	分析単位
訪問型支援の意義確認	訪問型支援の効果を実感する	問をやりながら面白いなと.(③)／・ご本人さんは自宅で生活するのが一番ですから.そこのニーズをもっとうまく捉えて,自分たちがきっちりサポートができるとかというところですね.そこが一番のやりがいかなとは思っていますね.(③)
	訪問型支援の真価を自問自答する	・今からの訪問看護って,本当にこうならないと,どうなんだろうって思って.需要があるのかなと思って.(…中略…)今の若い人たちって,同じ統合失調症の人でも違ってきているでしょう.お薬が良くなって,普通に働いているし.その人たちの困りごとっていうのも,全然違うじゃん.だから,そういう方に対応していくためには,やっぱり何か,今までの,ただ,お話し相手っていう感じの訪問看護では,なかなか.(①)／・訪問看護は基本的に契約やし,いろんな福祉サービスが契約化していって.単純に,こういう課題には,こういうサービスが必要だというふうな.組み合わせ的に使っていくものではなくて,やっぱり支援とか援助って,その人との関係性をいかに築くかというのが,本来の支援の基軸になるものやから.(②)
	訪問の必要性を利用者に理解してもらう	・私が訪問に来ている必要性も意味も,たぶん最初は分からないでしょう.だから,何かこう,具体的じゃないんだろうけど,何となく役に立つかなって思ってくれるようなことは出さないと.ただ行って,しゃべってだけじゃあねと思うので.(①)／・訪問看護は,どういうことをするの

カテゴリー	コード化単位	分析単位
訪問型支援の意義確認	訪問の必要性を利用者に理解してもらう	かな，自分にとって，どんなメリットがあるのかなというところを，まず認識していただくと．(③) ／・人によっては，なかなか受け入れ難い方もいらっしゃいますので，そういった方に関しては5回以上，時間をかけてでも，ちゃんと訪問看護の役割というものを分かっていただいて，何のために来ているのかなというところを分かっていただくという関わり方をしていっていますね．(③)
受け入れられるために工夫する	表情に気を配る	・笑顔が一番，私の．はい．外では，笑顔しています．(①) ／・ある程度，愛想良くは入ります (③) ／・自分の表情は，とげがないようにというか，緊張しているのが分からないようにという感じで．(③)
	知られない工夫	・田舎のほうになればなるほど，訪問看護として，車で名前が入っている訪問看護ですね，それはちょっと控えてほしいという方がいらっしゃるので，事前に聞きますね．(③) ／・「車に，○○(事業所名) と入っていますけど，大丈夫ですかね」と．「訪問看護って入っていますけど」というところで確認を取って．それでもいいというのであれば，そのまま行きますけれども，「それは，ちょっとやめてほしい」という場合は，マグネット式なので，外して行ったりというのはありましたね．(③) ／・私が田舎へ訪問するときには「○○○(事業所名)」と書いてない車で，なるべく行くようにはしているんですよね．全然それとは関係ないところ，受け入れがいいところとか，近所の

カテゴリー	コード化単位	分析単位
受け入れられるために工夫する	知られない工夫	方もご存じで問題がないところには公用車で行くんですけど，本人さん，ご家族もあまり知られたくないのかなと思うようなところは，見えないようなところ，離れたところに車をとめて行ったりしますし．そういう部分では，近い分，私が出向くことで周りがどんな目で見ているのかなというのを，ちょっと気にして対応するようにしていますね．隠せてないんですけど，例えば，家族が来られていることだったり，身内にそういう障害があることを知られたくない雰囲気を持っておられるようなところは，行ったことで，あとで「〇〇〇から来とったね．何だったとかい？」と近所から聞かれると嫌だろうし，そのあと，私が出向くことに対しての受け入れも良くないと思うので，そこは，ちょっと気を付けながらですね．(④)
接点のきっかけを作り出す	困り事相談から接点のきっかけを作る	・時々，痛いと訴えるとき，痛くて訴えたときなんかがチャンスよね．「何々さん，痛いの，つらいよね」とか言って．「今みたいな生活をしてたら，もっと痛うなるんやで」とか．「どうしようか？」とか．「なら，いっぺん内科で診てもらおうか」というので突っ込んでいけるみたいな．(②) ／・きっかけとか何とかいうところに関しても，あのときは，どうだったのかな．ちょうど，その方が，お金がなくて．お金はないんだけれども，物を売りたいっていう話を相談してこられて．ドア越しに，「お金がないから」って．保護費を取りにいくお金がないと．生活保護費

カテゴリー	コード化単位	分析単位
接点のきっかけを作り出す	困り事相談から接点のきっかけを作る	を取りにいく電車賃がないという話か何かから始まって．ドア越しで．いやいや，そこでもう，ドアは開いていた．開けてもらって，「どうしたらいい？」っていう話をしてきたので．立ち話で．それで「何か売ろうと思うんだけれども」みたいな話をしてきて．「じゃあ，一緒に見ましょうか」と言って．「これ，売れますかね」という話もして．で，ちょっと検索して，近くで物を売れるところがあるというところで，「ここにありますよ．一緒に行きましょうか」と言って，一緒に行って．で，電車賃をつくったと．そこからかなと思いますね．それから少しずつ入れるようになって．(③)
	理由を提示しつつ接点のきっかけを作る	・「いや，こうやって在宅におられる人が困っていらっしゃらないかどうかとかのお話を伺いに来ている人間なんです」とか言って，いかに向こうの警戒心を解くかみたいなね．どうやったら解けるのやっていうのを，創意工夫をして，やらなあかんなと思って．相手の立場に立たなあかんやん，訪問支援ってね．(②) ／・一番は，やっぱり先生のお名前を出して，「何々先生から指示書がきましたよ」と言って，「訪問看護が入ることになりましたので」というところで，やっていって．それで，先生の話をしたり．「診察のときに，先生は，どうですか」と言って．そういう共通のところをつくっていって，ご本人さんからの言葉を引き出せるような感じでもっていきましたね．(③) ／・明らかに拒否が想定されるよう

第3章

カテゴリー	コード化単位	分析単位
接点のきっかけを作り出す	理由を提示しつつ接点のきっかけを作る	なとき，例えば地域の民生委員さんからご相談があって，その方とは比較的，関係がいい状況のときには，最初に，民生委員さんと一緒に同行することで受け入れを良くしていただけるかなという形で導入することもありますし．(④）／・「地区のご家庭を１軒ずつ回っております」みたいな説明をする場合もありますね．(④)
生活状況を把握する	食生活や清潔状態を把握する	・賞味期限切れとか，あるじゃないですか．そのまま放置でしょう．何か，そういったものを見たりとか．(①）／・だいたいの散乱具合で，何となく分かりますけどね．物とか，ごみ．それこそ，ごみが放置されていたりとかいうのはあるよね．(①)
	服薬状況を把握する	・お薬が，結局，置いてある場所ってだいたい決まっている人が多いんだけれども，それを見たり．(①）／・お薬は，基本的にカレンダーでセットをしていますので，お薬カレンダーというかたちで１週間分．こちらがセットしたり，自分でセットしたりというところなんですけれども．そのカレンダーから，ちゃんと曜日の，朝なら朝のところが抜けているかどうか，プラス，その空袋があるかどうかで確認しているところです．(③)
訪問者の状態に合わせた支援ができる	状態を見極める	・やっぱり，そこって，その人によりけりやけど．何やろうね．最初のファーストコンタクトのときに感じるよね．目が，いつもピッと入ってるのかな．「こんにちは」って入っ

カテゴリー	コード化単位	分析単位
訪問者の状態に合わせた支援ができる	状態を見極める	ていって，普段のあいさつ．いいときのあいさつの返し方と全然違うとか，しゃべってくれへんとか，あるよね．そこを，ちゃんと．「あっ，これは，いつもと違うな」というように感じ取れるかどうかなんだと思うけどね．(②)／・基本的には訪問回数で，訪問によく入っている方であれば，対処というか，状態が悪くなったときに，すぐに，「あっ，ちょっと調子が悪いな」と気づきやすいと思う(③)／・身体症状と精神症状の違いというところですね．ここに関しての目利きじゃないですけれども，きちんとした判断ができるかどうかというところで．(③)／・やっぱり一人一人，訪問に入った方に関しては，どこかで判断しながら行かないといけないので．必ずしも状態がいい人ばかりとは限りませんので，状態が悪いときにも，対処法であったり，そういったところの足並みはそろえていかないといけないのかなと思っております．(③)／・その場の空気もありますし，本人が何を求めているのかなというのを，まず察知しないといけないので．やはり，いつもどおり行っても，ちょっと暗かったり，何かあったんだなというところに関して「何かありましたか」と．(③)
	安全を確保する	・僕は病院のときから，訪問はやっていたけど，行くときは，ちゃんと身構えて行かなあかんのよね．常に状態が安定してないから引きこもっていたりするわけで．(②)／・やっぱり普段関わっていると，状態の悪

第3章

カテゴリー	コード化単位	分析単位
訪問者の状態に合わせた支援ができる	安全を確保する	いときの表情とか，口調とか，話す言葉の内容とか，いわゆる前駆的なものとかね，そういうものが出ていないかどうかも，やっぱり関わりの中から踏まえて．行った際に，本人を見て，「これは，今日はちょっと，あんまり深い話はできへんな」とか，「したらあかんな」と思ったら，あいさつ程度で帰るとか．(②) ／・初めて，家にドンと行くときですね．そういったときは一番，どういった方が出てこられるのかなというところで，緊張は，やっぱりしますね．ある程度の事前情報はいただいているけれども，その事前情報が，ちょっと難しい人であったりとか，困難事例のある人であったりというところであれば，余計に緊張度は高まるかなと．(③) ／・相手がどんな反応をするかも，もちろん分からないですし，どんな対応をするかも分からないので，いろいろなパターンを想定して行くようにはしていますね．(④)
いかなる事態にも備えるための普段からの支援	普段の関係性が生命線	・状態のいいときに関係性がつくっておければ，「足がむくんでるやん」とか，時々，痛いと訴えるとき，痛くて訴えたときなんかがチャンスよね．「何々さん，痛いの，つらいよね」とか言って．「今みたいな生活をしてたら，もっと痛うなるんやで」とか．「どうしようか？」とか．「なら，いっぺん内科で診てもらおうか」というので突っ込んでいけるみたいな．(②) ／・本人さんとの関係性に重視を置いて，いかに関係をつくるかというところから始めていかないと，本人への，例えば，「お部屋を

カテゴリー	コード化単位	分析単位
いかなる事態にも備えるための普段からの支援	普段の関係性が生命線	きれいにしようや」とか,「お薬,飲んでますか」とか,「体調,どないですか」とか．いわゆる，本人にとって嫌ごとになるようなことも，本人の耳にスッと入らへんやん．(②) ／・やっぱり支援とか援助って，その人との関係性をいかに築くかというのが，本来の支援の基軸になるものやから．(②)
	支援計画の必要性	・訪問って計画性が大事だと思うんです．そのためには，私がね，個人的にすごく勉強不足だったんだろうけど，ソーシャルワーカーとして訪問に行くとなったときに，今まで病院でやっていた面接とかだと，そのときに話をして，じゃあ，それを解決するためには何があるだろうと，社会資源とかを検討して，それを案内するとかいうことをやっていたんだけれども．(…中略…) 事情もそれぞれ違うし．で，期間が限られるでしょう．そんな，ぐだぐだやっていても仕方がないし．信頼を得るということになると，それこそ，それなりに実績を上げないと，たぶん，そこは崩れてしまうから．それをやっていくためには，かなり技術が高くないと，やれないのかなって思ったし．(①) ／・いわゆる杓子定規に，援助や支援というものを，こちら側の論理だけで,「これとこれとこれは，最低限せなあかん」とか，相手の状況もかんがみず,「元気？」とか,「ちょっと話があるねんけど」とか言って入ると，本人は「今日，話したくないねん」ってなると思う．それを踏み越えて行くことになるから．

第3章

カテゴリー	コード化単位	分析単位
いかなる事態にも備えるための普段からの支援	支援計画の必要性	だから，それは「何やねん，おまえ」みたいにとか，下手をしたら攻撃性が見えてきたりとか，十分にあると思う．僕らは，ある種，仕事であったり，善意であったり，専門職として関わろうということで訪問しにいくのかもしれんけど，それは，あくまでこっち側の論理なので，**クライアントの立場に立って，自分たちが，その場面で何をできるかというのを戦略的に考える**ところと，行ったその日で状況を判断するのは，少し分けて考えなあかんと思う．(②) ／・そこから出てこられない，出てこないから，訪問支援に行くわけじゃないですか．こっちに来る人に対して何をするかと，こっちへ来られない，来ない人に対して何をしに行くかというのは，基本的に，援助，支援が違うものだと考えているから．**病態像の揺れる人，出てこられない，出てこない人の，今の状況，状態に対して，自分たちが今，何をなすべきか，できるのかということを捉えて，やっていかなあかんことだろうと思うけどね．**(②) ／・自分たちに置き換えてみてもそうかなと思うんですけれども，見たこともない，知らない人に，いろんな相談をしようとは，まず思わないと思うので．その中で，ある程度，関係性ができた人には，こういった話ができるというところに，自分たちも，なるかなと思いますので．**じゃあ，どういった人だったら話したくなるかなとかいうところですね．**(③)
	訪問回数の制約	・短時間勝負でしょう．**行けても週**

カテゴリー	コード化単位	分析単位
いかなる事態にも備えるための普段からの支援	訪問回数の制約	1．週3までは行けるけど，実際，経済的なところで制限も出てくるし，行けたとして週1で．その中で，本当に効率よくするためにというところで．(①)／·1時間ぐらい(①)／·週1回となると，それだけ接点が少ないので，利用者さんも，訪問に慣れるまでに時間がかかってしまったりというところもありますので．(③)

Ⅲ－1．支援者自身に起こる状況に関連する要因

利用者の訪問支援を行っている支援者への調査から，支援者自身が変化していることを重要視していることが明らかとなった．〈訪問する支援者として成長する〉〈訪問型支援の意義確認〉である．

1〈訪問する支援者として成長する〉

〈訪問する支援者として成長する〉というこのカテゴリーは，〔これまでの実践経験を活かす〕〔訪問される側の立場から考える〕〔過去の実践経験を転移させる〕という3概念から生成された．

支援者は，訪問支援を行うにあたって，これまでの病棟勤務や病院勤務などの経験を，訪問支援において生かしていた，ということである．

〔これまでの実践経験を活かす〕とは，支援者が支援者自身の他所での実践経験を訪問支援に活かしていこうとすることである．「たぶん，病棟にいるときから，そうやって備わっていったのかなと．もちろん先輩方に教えていただいて，そういったかたちで習得していったのかなとは思う（③）」とこれまでの実践

経験が活かされ，「いろんな関係者の方とは，お顔合わせをさせてもらう機会が多かったので，そういう意味では，ここの部署に来てからも，仕事は，しやすかったのかなと思いますね．全く初めてではなかったので．(④)」と，これまでの他所での実践経験を現在の訪問支援に活かしている．

〔訪問することの意味を肝に銘じる〕とは，支援者が訪問することに意味をしっかりと理解したうえで臨んでいる姿勢である．利用者にとっては「最初の抵抗が強いんですよ．よそ者が入ってくるってね．やっぱり見られたくない，家の中を見られるわけだから (①)」ということを忘れてはならない．「だって，入れてもらえないと終わりやからね．病院の病室だったら，勝手に僕らが入れるやん．こっちの土俵やから，それができるけど，相手の土俵に入っていくって (②)」というように，訪問支援ならではの環境特性を含めて支援者は毎回の訪問に臨んでいた．

〔支援者同士で互いに確認する〕とは，支援者が訪問という支援の方法に慣れてしまわないように，同じ事業所内などで支援者同士，互いに慣れが出ないよう確かめあっていることである．「一つは，結構，病棟経験していた人も多いので，病棟経験は，それでいいかもしれないけれども，訪問になると，こちらが入らせていただくという立場になるので，「それは，その人に合わせた持っていき方をしないとね」というところで．(③)」というように，現在訪問支援に携わるほかの支援者も，過去には他所での実践経験があるが，他所での実践経験を，現在の訪問支援にそのまま用いるのではなく，他所での実践経験をふまえて，現在の訪問支援に活かすように支援者同士でお互いに確認しあっている．

2 〈訪問型支援の意義確認〉

このカテゴリーは，〔訪問型支援の効果を実感する〕〔訪問型支援の真価を自問自答する〕という２概念から生成された．支援者が，訪問支援を行っていく経験の中で，訪問支援の意義を確かめていくことである．

〔訪問型支援の効果を実感する〕とは，訪問支援に携わる支援者自身が，訪問支援の効果を実感することである．ややもすれば支援とは形に見えにくくなる場合もある．しかし，「変わっていけるところを，本当に目の当たりに見られますよね．変わると，本当に表情も変わるし，家の中も変わる．そこを実際に見られるところ．(①)」であったり，「入院かどうか，すれすれのところを訪問でつないで，状態が改善するとか，入院しなくてよくなったとか．そういったところのケースに立ち会えるときですかね．それは，やっぱり，精神科訪問をやりながら面白いなと．(③)」というように，訪問による支援の効果は確実にあるという経験を通して，支援者は訪問による支援の効果を実感している．

〔訪問型支援の真価を自問自答する〕とは，経験を通して訪問による支援の効果を実感できる一方で，訪問型支援のレベルを上げていかなければならないと自問自答していることである．「やっぱり何か，今までの，ただ，お話し相手っていう感じの訪問看護では，なかなか．(①)」というように，単に訪問すればよい，というものでは決してないと位置づけていることである．

〔訪問の必要性を利用者に理解してもらう〕とは，訪問支援に対してまだ慣れてない利用者に対しては，訪問による支援は利用者にとっても有用になる可能性があることを理解してもらおうとすることである．「人によっては，なかなか受け入れ難い方もいらっしゃいますので，そういった方に関しては５回以上，時間をかけてでも，ちゃんと訪問看護の役割というものを分かっていただいて，何のために来ているのかなというところを分かっていただくという関わり方をしていっていますね．(③)」というように訪問する目的を利用者に理解してもらうことが訪問支援をスタートさせる第一歩となる．

Ⅲ－2．支援者としての資質に関連する要因

利用者の訪問支援を行っている支援者への調査から，支援者自身が変化していることを重要視していることが明らかとなった．〈受け入れるために工夫する〉〈接点のきっかけを作り出す〉〈訪問型支援の具体的な成果を提供する〉〈生活状況を把握する〉〈訪問者の状態に合わせた支援ができる〉〈いかなる事態にも備えるための普段からの支援〉である．

1 〈受け入れるために工夫する〉

〈受け入れるために工夫する〉とは，訪問支援の導入や継続していくにあたって，利用者に支援者や支援が受け入れられるための様々な工夫を行う実践のことである．〔表情に気を配る〕と〔訪問の必要性を利用者に理解してもらう〕から生成された．

〔表情に気を配る〕とは，訪問支援に臨むにあたって支援者の態度のことである．訪問という環境特性に合わせて「笑顔が一番，私の．はい．外では，笑顔しています．(①)」と笑顔であることを心がけたり「自分の表情は，とげがないようにというか，緊張しているのが分からないようにという感じで．(③)」とたとえ訪問にあたって緊張していたとしてもそれが表面には出ないような配慮として表情に注意を払っている．

〔知られない工夫〕とは，訪問にあたって，利用者に周囲や近隣住民に知られたくないという希望がある場合に，その希望が

尊重できるように，配慮する実践のことである．具体的には，「私が田舎へ訪問するときには「○○○（事業所名）」と書いてない車で，なるべく行くようにはしているんですよね．全然それとは関係ないところ，受け入れがいいところとか，近所の方もご存じで問題がないところには公用車で行くんですけど，本人さん，ご家族もあまり知られたくないのかなと思うようなところは，見えないようなところ，離れたところに車をとめて行ったりしますし．そういう部分では，近い分，私が出向くことで周りがどんな目で見ているのかなというのを，ちょっと気にして対応するようにしていますね．隠せてないんですけど，例えば，家族が来られていることだったり，身内にそういう障害があることを知られたくない雰囲気を持っておられるようなところは，行ったことで，あとで「○○○から来とったね．何だったとかい？」と近所から聞かれると嫌だろうし，そのあと，私が出向くことに対しての受け入れも良くないと思うので，そこは，ちょっと気を付けながらですね．（④）」というように，訪問のための移動に用いる車や駐車場，近隣住民とのなにげない会話内容にまで配慮する必要がある．

2〈接点のきっかけを作り出す〉

〈接点のきっかけを作り出す〉は，訪問支援の導入時や否定的な態度の利用者に対して，訪問支援の円滑な理解を促そうとする際に，支援者がまずは利用者との何らかの接点を見出そうとする実践である．これは，〔困り事相談から接点のきっかけを作る〕と〔理由を提示しつつ接点のきっかけを作る〕から生成された．

〔困り事相談から接点のきっかけを作る〕とは，これまで訪問支援の必要性は支援者では把握できていたものの，つながりがないために支援できてはいなかった利用者との接点作りにおいて，利用者の困りごとが相談されることで支援者と利用者との接点が生まれることである.「時々，痛いと訴えるとき，痛くて訴えたときなんかがチャンスよね.「何々さん，痛いの，つらいよね」とか言って.「今みたいな生活をしてたら，もっと痛うなるんやで」とか.「どうしようか？」とか.「なら，いっぺん内科で診てもらおうか」というので突っ込んでいけるみたいな.（②）」と体調への不安が支援者に相談に持ち込まれた場合であったり,「きっかけとか何とかいうところに関しても，あのときは，どうだったのかな. ちょうど，その方が，お金がなくて.お金はないんだけれども，物を売りたいっていう話を相談してこられて. ドア越しに,「お金がないから」って. 保護費を取りにいくお金がないと. 生活保護費を取りにいく電車賃がないという話か何かから始まって. ドア越しで. いやいや，そこでもう，ドアは開いていた. 開けてもらって,「どうしたらいい？」っていう話をしてきたので. 立ち話で. それで「何か売ろうと思うんだけれども」みたいな話をしてきて.「じゃあ，一緒に見ましょうか」と言って.「これ，売れますかね」という話もして.で，ちょっと検索して，近くで物を売れるところがあるというところで,「ここにありますよ. 一緒に行きましょうか」と言って，一緒に行って. で，電車賃をつくったと. そこからかなと思いますね. それから少しずつ入れるようになって.（③）」というように生活面での困りごとの相談にのることから接点を見出している.

〔理由を提示しつつ接点のきっかけを作る〕とは，訪問の導入時や訪問支援に否定的な態度をとる利用者との導入時に，利用者が納得できる理由を初期の訪問時に述べることで，支援者が利用者との接点を作っていく実践のことである.

「「いや，こうやって在宅におられる人が困っていらっしゃらないかどうかとかのお話を伺いに来ている人間なんです」とか言って，いかに向こうの警戒心を解くかみたいなね．どうやったら解けるのやっていうのを，創意工夫をして，やらなあかんなと思って．相手の立場に立たなあかんやん，訪問支援ってね．(②)」であったり，「「地区のご家庭を１軒ずつ回っております」みたいな説明をする場合もありますね．(④)」ということで訪問支援の接点を見出すために実践している．接点が見出されなければつながりも持つことは難しい．

第3章

3〈生活状況を把握する〉

〈生活状況を把握する〉とは，訪問時には利用者の生活状態を支援者が確認する実践のことである．これは，〔食生活や清潔状態を把握する〕と〔服薬状況を把握する〕から生成された．

〔食生活や清潔状態を把握する〕とは，支援者が利用者宅の訪問時に，食生活や清潔状態に注目して状態を把握する実践のことである．「賞味期限切れとか，あるじゃないですか．そのまま放置でしょう．何か，そういったものを見たりとか．(①)」という実践である．

〔服薬状況を把握する〕とは，支援者が利用者宅の訪問時に，服薬状況を確認する実践のことである．「お薬は，基本的にカレンダーでセットをしていますので，お薬カレンダーというかたちで１週間分．こちらがセットしたり，自分でセットしたりというところなんですけれども．そのカレンダーから，ちゃんと曜日の，朝なら朝のところが抜けているかどうか，プラス，その空袋があるかどうかで確認しているところです．(③)」という実践である．

いずれも，訪問による支援は，普段であれば数日おきに実施されることから，常に利用者の生活状況を確認できるわけではないので，訪問時に利用者の状態を確かめることを実践している．

4〈訪問者の状態に合わせた支援ができる〉

〈訪問者の状態に合わせた支援ができる〉とは，訪問前に，前もって予定していたとおりの支援内容を忠実に実施するのではなく，前もって予定していた支援内容をふまえつつも，実際の訪問時には支援内容を予定と変えたりするなど柔軟であることである．

柔軟な対応を行うためには，まず〔状態を見極める〕ことが必要である．「その場の空気もありますし，本人が何を求めているのかなというのを，まず察知しないといけないので．やはり，**いつもどおり行っても，ちょっと暗かったり，何かあったんだなというところに関して「何かありましたか」と．**(③)」とたとえそれまで何度も支援のために訪問していた利用者であったとしても，毎回，状態を見極める目が支援者には必要とされている．そして〔安全を確保する〕ことも同時に必要である．これは，不要なアクシデントなどを引き起こさないためにも支援者にとって重要である．しかし，これは，不必要に配慮するのではなく，あくまで訪問支援にとって必要な最小限度の備えという意味あいとなる．「相手がどんな反応をするかも，もちろん分からないですし，どんな対応をするかも分からないので，**いろいろなパターンを想定して行くようにはしていますね．**(④)」というように訪問ならではの実践の難しさもある．

5〈いかなる事態にも備えるための普段からの支援〉

〈いかなる事態にも備えるための普段からの支援〉とは，数日おきに実施される訪問支援では，急激な状態変化などを確かめることは限りがあるため，訪問してからでないと利用者の状態は把握できないという限界があり，支援者は日頃の訪問時から特に利用者との関係作りには配慮しているということである．「状態のいいときに関係性がつくっておければ，「足がむくんでるやん」とか，時々，痛いと訴えるとき，痛くて訴えたときなんかがチャンスよね．「何々さん，痛いの，つらいよね」とか言って，「今みたいな生活をしてたら，もっと痛うなるんやで」とか，「どうしようか？」とか，「なら，いっぺん内科で診てもらおうか」というので突っ込んでいけるみたいな．(②)」というように訪問支援ではより一層，支援者は利用者と〔普段の関係性が生命線〕と認識し位置づけている．

また支援者は〔支援計画の必要性〕を重視している．「訪問って計画性が大事だと思うんです．そのためには，私がね，個人的にすごく勉強不足だったんだろうけど，ソーシャルワーカーとして訪問に行くとなったときに，今まで病院でやっていた面接とかだと，そのときに話をして，じゃあ，それを解決するためには何があるだろうと，社会資源とかを検討して，それを案内するとかいうことをやっていたんだけれども．(…中略…) 事情もそれぞれ違うし．で，期間が限られるでしょう．そんな，ぐだぐだやっていても仕方がないし．信頼を得るということになると，それこそ，それなりに実績を上げないと，たぶん，そこは崩れてしまうから．それをやっていくためには，かなり技術が高くないと，やれないのかなって思ったし．(①)」というように訪問型支援においては，ただ訪問して状態が維持できているのかどうかを確かめるというのではなく，計画を立てていかに利用者にとって貢献できる支援となるのかと支援計画を立てることで見通しながら実践しているということである．

その理由となるのは〔訪問回数の制約〕という要因である．訪問型支援では，回数の制約という現実的な課題がある．「短時間勝負でしょう．行けても週１．週３までは行けるけど，実際，経済的なところで制限も出てくるし，行けたとして週１で．その中で，本当に効率よくするためにというところで．(①)」「週１回となると，それだけ接点が少ないので，利用者さんも，訪問に慣れるまでに時間がかかってしまったりというところもありますので．(③)」というように，訪問型支援における難しさが要因となって実践に影響を与えている．

Ⅳ 訪問支援を実践経験することによる支援者が受ける影響について

本調査の結果から，精神障がいを抱えた利用者の地域生活支援のための訪問支援場面において，支援者は，支援者自身の成長と，その成長に裏付けられた実践とが相互に関連しあって展開していることが明らかとなった（図３－１）．

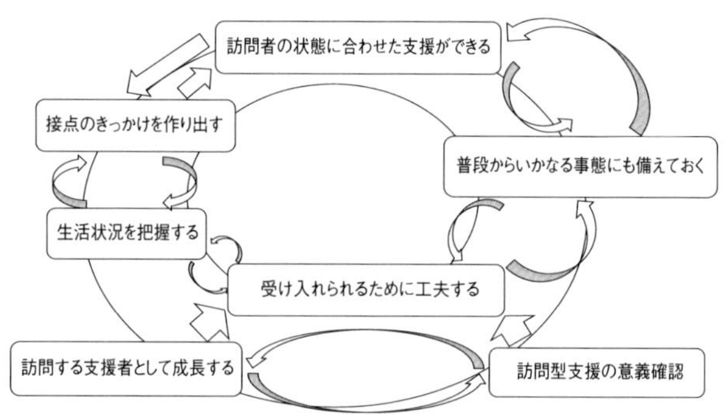

図３－１．訪問型支援における支援者の支援内容に関する仮説的構造

まず，支援者側における内容として特徴的であったのは，支援者自身の訪問支援に関する認識の変化である．本調査と分析から，〔これまでの実践経験を活かす〕として生成したように，支援者はそれまでの実践経験を訪問支援に用いるために，たとえば医療機関や病棟での勤務の経験を，転回させていた．医療機関や病棟での経験，すなわち，待っていても利用者は病室など決まった場所にいるという前提は通用しないなかで，訪問だからこそ，経験を活かしつつも，考え方を変えていく，ということが，支援者には必要になると考えられる．この点について今野は，あくまで生活支援をする側面的援助者という自覚をもたなければならない，と指摘している（1998：34）．そして，医療機関や病棟と違って，毎日，面接できる環境ではない訪問だからこそ，常に訪問にあたっては，訪問先での利用者の状態がどのような場合であっても対応できるように準備を整えていることであった．〈訪問する支援者として成長する〉というカテゴリーが生成されたが，既出の澤による報告では，職員の大部分が，精神病院経験がある，ということが指摘されている（1996：7）．訪問型支援に携わる人材にとって，単に医療機関での実践を経験していればよいのではなく，その経験を，訪問型支援のために転回できる人財であることが，資質の一つとして浮かび上がってくることを示唆できるのではないだろうか．マンパワー不足がいわれている．実はこの指摘も深刻な課題であろう．つまり，日本精神科看護協会（1997）の調査で指摘されていた訪問看護が実施できない理由としてのマンパワー不足があったが，その後の萱間ら（2009）の調査でも，同じく訪問看護に従事するマンパワーの不足が指摘されている（2009：20）．訪問支援が重要視されているにもかかわらず，一方で10年経過していても人材不足が一向に解消されていないという課題も看過できない課題として浮かび上がってくる．そして，状況のなかで，訪問型支援に必要とされる資質の維持・向上と並行して，

第3章

人財確保，つまり，養成教育のなかで訪問型支援を習得できるプログラムも必要となるのではないだろうか．

次に，利用者とのあいだにおける実践内容である．これは，いわば関係形成に関する実践ともとらえることができうる．本調査において，支援者によって語られたなかでは，訪問に否定的な利用者とどのように関係を築いているか，という点があった．そこで，接点を糸口に，徐々に普段の訪問から関係を築き，そしていわば「言いにくいこともいえる関係」の形成へと展開していたことであった．そのためには，訪問支援の導入段階から，支援者は利用者に対して〈接点のきっかけを作り出す〉実践からはじまり〈生活状況を把握する〉と展開し，さらに支援者は訪問時には〈訪問者の状態に合わせた支援ができる〉ことが必要とされ，そのために支援者は〈いかなる事態にも備えるための普段からの支援〉を日頃から利用者とのあいだで展開している．今野（1998）は，精神科訪問看護者の基本姿勢として，訪問看護は側面的援助である，患者，家族と信頼関係を結ぶ，訪問看護にも限界がある，という3点を挙げている（1998：34）．関係性を構築するということが訪問型支援においては生命線となる．本研究結果は，この指摘をデータに基づいて裏付けることができた．

瀬戸屋ら（2008）は，訪問看護における看護ケア内容に関するインタビュー調査を行った結果から「日常生活の維持／生活技能の獲得・拡大」「対人関係の維持・構築」「家族関係の調整」「精神症状の悪化や増悪を防ぐ」「身体症状の発症や進行を防ぐ」「ケアの連携」「社会資源の活用」「対象者のエンパワメント」を導き出している．本調査でも，日常生活の状態維持が重要な意義を持つことが明らかにできた．訪問型支援においては，日常生活の状態が維持されつつ，そのうえで，利用者が思い描く地域生活が送れるように具体的な支援がなめらかに動きながら一体的に実践されていくものであるということが明らかにできた．本研究では，この訪問を継続的に実施していくために，利用者の希望や事情に配慮して，〈受け入れられるために工夫する〉ことを欠かしてはいなかった．これまでの先行研究では，訪問型支援における技能などに注目されていたが，さらにそれらを補完するように，本研究では，利用者への配慮についてデータから生成することができたことは新たな知見であった．しかし，多くの訪問型支援における実践ではごく当たり前に行われているものとも思われており，本研究は，実践に埋め込まれている実践を明らかにすることができたといえるのではないだろうか．

本研究では，訪問型支援における支援者による実践内容とその構造化を明らかにすることを目的とした．このため，職種による区別を行わず，むしろ訪問における支援の実践者としての支援者としてとらえた．一般的には，職種ごとに調査協力を得て調査を行っていくことが真っ先に選択されていくことが多いであろう．しかし，訪問支援では様々な職種が，利用者の地域での生活を支える，という同じ目標に向かって進んでいくという特性から，本調査に限っては，職種を交えつつ調査協力を得ることで，訪問支援における実践に接近することを選んだ．この観点は，保健師と病棟看護師，訪問看護ステーション看護師を対象に調査を行った萱間（1999）の研究を参照した．同研究では，看護師と保健師とに訪問看護に実践に関するインタビュー調査が実施されていることから，訪問型支援の実践を探るという目的に沿った，本調査の形態は目的に沿っていると考えている．職種ごとの支援内容の調査ならびに分析が訪問支援について考えていくうえでは重要であるといえる．

本調査結果から，訪問型支援における支援者の支援内容に関する構造化を試み，仮説的ではあるが提示を試みることができた（図3－1）．6つの実践内容は，相互に関連することで，結果的に円環を描くようなモデル図となった．特徴的なのは，実践内容が円環的な関係性を構成していることであった．6つのいずれの実践内容もサイクル的な位置関係をとることによって，支援が成り立っていると仮説的にはとらえることができうる．

このように，支援者は，訪問支援を実践していくなかで「支援者側の要因」と「その要因に影響を受けている実践」を行っていた．そして，これらは，相互に関連しつつ，実践として形作られている．訪問支援においては，訪問支援における倫理観と価値観に基づき，利用者との関係形成を基盤として，訪問時のその時々の利用者の状態を瞬時に見極め，その見極めに応じて支援内容を柔軟に対応させる技量で支援者による支援がより効果的に展開されていくこととなる．

さらに，本研究から見出された可能性として，訪問する利用者宅との距離や，利用者宅の環境によって訪問支援の内容に違いは生じているのか，という関心である．本研究では，〔訪問回数の制約〕がデータから生成された．これは，十分な支援の必要性と制度的制約とのあいだにある葛藤を生じさせる可能性が考えられる．この制度的制約に加えて，地理的条件などの要因が加わるとすれば，どのような実践を支援者は，知らず知らずのうちに展開しているのであろうか．「状況に埋め込まれた」実践にこそ，過疎地域等における生活支援のカギがあるだろうし，この点について，さらに明らかにしていく必要があると筆者は考えた．

V 「訪問する」という実践から見えてきた方向性

訪問支援を行った経験のある4名の支援者を対象に，その実践内容に関してインタビュー調査を行った．という6つの項目を取り上げることができた．訪問支援において，相互に関連しあっており，それによって，支援者が訪問支援の場において，実践が，相互に関連していた．

そして，本研究の限界と今後の課題についてである．本研究は，4名の支援者への聞き取りをもとにした分析結果であることから，実践内容はかなり限定的であると考えられることが限界である．しかし，一方で，限定的であるものの，訪問支援における実践内容の一部を明らかにすることができたことで，訪問支援について寄与できるものと思われる．

次に，職種を限定せずに支援者とすることで，実際的な実践に関するデータを得ることができ，その分析に取り組むことができた．今後，職種を別にした調査を継続的に行い，そして将来的には本調査結果との比較研究へ発展させていくことが課題である．本調査は，多角的にデータを得ることを目的としていたことから，支援者という条件はあるものの，職種は限定してはいない．異なる職種でありながらも継続的比較分析を用いることで看護師と保健師による訪問看護に関する研究を行った萱間は，看護師と保健師では提供するケアの内容や紹介者，目的は当然異なっていた，としつつも，しかし興味深かったのは，そうした違いは，ケアのバージョンの違いとも呼ぶべき根本的な姿勢の相違に起因していた，ということを指摘している (2004:87)．そこで，今後は，職種を限定することによって，その職種ならではの支援の実践が明らかにできるものと考えられる．

そしてさらに，もう一方には，利用者が住みたい，暮らしたい場所で生活や暮らしが営まれるような支援の方策を検討していかなければならないと考えている．具体的には，たとえばフォーマルな社会資源が乏しいと考えられる中山間過疎地域等で生活する利用者の生活支援の方策を視野に入れた研究へと発展させていきたい．

地震によってそのまちの姿を変えざるを得なかったふるさとの多くの人にとっての暮らしが，早く取り戻せることの一助となるよう，筆者自身は非力であるが誠心誠意取り組み続けていく．

文　献

浅賀ふさ（1965）「巻頭言　訪問カウンセリング」『教育と医学』13（2），2－3.

伊達直利（2011）「ホームビジティングにおけるソーシャルワーカーの役割―児童虐待問題対応による混乱からソーシャルワークの再生へむけて―」『世界の児童と母性』70，63－72.

池口佳子・廣岡佳代・渡邉美也子（2013）「「緩和ケア訪問看護師教育プログラム」とは」『訪問看護と介護』18（7），542－549.

加藤登志子・新津ふみ子・横田喜久恵（1978）「訪問看護活動を通して退院時のかかわりを考える―患者，家族の訴えを中心に―」『看護』30（9），28－43.

萱間真美（1999）「精神分裂病者に対する訪問ケアに用いられる熟練看護職の看護技術；保健婦，訪問看護婦のケア実践の分析」『看護研究』32（1），53－76.

萱間真美（2004）「精神科訪問看護の実践知とその研究方法」『日本看護科学学会誌』24（1），87－89.

萱間真美・瀬戸屋希・上野桂子・ほか（2009）「訪問看護ステーションにおける精神科訪問看護の実施割合の変化と関連要因」『厚生の指標』56（5），17－22.

今野えり子（1998）「精神科訪問看護の実際」『日本精神科病院協会雑誌』17（3），31－34.

佐藤郁哉（2012）「フィールドワーク　増訂版　書を持って街へ出よう」増訂版第6刷，新曜社.

佐藤郁哉（2014）「質的データ分析　原理・方法・実践」初版第8刷，新曜社.

澤　温（1996）「平成7年度精神障害者の社会復帰を支援する訪問看護のあり方に関する研究」精神保健医療研究事業報告書.

瀬戸屋希・萱間真美・宮本有紀・ほか（2008）「精神科訪問看護で提供されるケア内容―精神科訪問看護師へのインタビュー調査から」『日本看護科学会誌』28（1），41－51.

社団法人日本精神科看護技術協会（1997）『精神科訪問看護に関する実態調査報告書』.

髙木健志（2016）「中山間地域等における精神保健福祉士の訪問型支援の重要性に関する一考察―文献研究から考える課題―」『山口県立大学社会福祉学部紀要』22，119－124.

第 4 章

現代農山村における ソーシャルワーク実践とその課題

Ⅰ　現代の農山村に関する視点

農山村をはじめ中山間過疎地域に生活するのは，高齢者だけなのだろうか．

現在，わが国の精神保健医療福祉にとって，長期入院の解消が大きな課題である．そのために，ここ数年，退院促進支援や域移行支援として精神科病院の入院患者の退院支援が展開されている．しかし，重要なことは，退院するということではなく，退院後の生活をどう再構築していくのかということではないだろうか．

精神科病院からの退院先は，特に，入院から１年までの患者の場合は，「家庭復帰」がおよそ７割に及ぶ状況にあることが明らかにされている（厚生労働省，2012）．しかしながら，この「家庭」は，さまざまな地理的条件にあると推定され，市街中心部のほか農山村をはじめとした中山間過疎地域にある場合もあり得る．つまり，農山村をはじめとした中山間過疎地域に暮らす精神障害者の生活に根付いた支援が必要であると考える．しかし，農山村をはじめとした中山間過疎地域等に居住する精神障害者への福祉的支援に関する先行研究があまり見あたらない．

また，精神科病院や障害福祉サービス事業所等がある地域の中心部から離れた中山間過疎地域で暮らす精神障害者にとって，毎日の通院や通所は容易ではない場合には，支援の専門職による訪問型の支援が有効であると考えられる（髙木，2017）．今日，精神保健医療福祉領域における訪問型の支援に関する用語には，アウトリーチであったり，精神科訪問看護などがある．厚生労働省が2011年に示した「アウトリーチ推進事業」においては「未治療や治療中断している精神障害者等に，保健師，看護師，精神保健福祉士，作業療法士等の多職種から構成されるアウトリーチチームが，一定期間，アウトリーチ（訪問）支援を行うことにより，新たな入院及び再入院を防ぎ，地域生活が維持できるように実施する」とされ「アウトリーチ」の対象者を「受療中断者や自らの意思では受診できない等の理由により，日常生活上の危機が生じている精神障害者」と明記している．

また，「精神科訪問看護」では「入院中の患者以外の精神障害者である患者又はその家族等に対して，当該患者を診察した精神科を標榜する保険医療機関の保健師，看護師，准看護師，作業療法士又は精神保健福祉士を訪問させて，看護又は療養上必要な指導」を行うものである（厚生労働省，2018）．「アウトリーチ」や「精神科訪問看護」といった用語は，いずれも，専門職種が，患者等の居宅を訪問するという支援形態である．しかし，アウトリーチという用語が「訪問支援活動全般に対して用いられることが多い」（木戸ほか，2014：29）ことから，もちいられ方は今のところ混乱している状況ともいえる．一方で，精神障害者の生活支援にその実践の軸をおく精神保健福祉士は，精神科病院において訪問支援に従事者した専門家数のうちの３分の１を担っていることが明らかになっている（公益社団法人日本精神保健福祉士協会，2016：5）．看護師や作業療法士などの多職種が従事するなかで，精神保健福祉士が訪問型の支援に果たしている役割は大きいと考えられる．

そこで，本章では，農山村をはじめとした中山間過疎地域に暮らす精神障害者の生活に根ざした支援のために，精神保健福祉士が行う精神障害者への訪問型の支援における実践内容を明らかにすることを目的とした．

第４章

Ⅱ　農山村に着目した研究を必要とした理由

中山間過疎地域における先行研究では，農山村の住民生活に着目した研究（徳野，2010；松本，2016）や，農山村の高齢者の生活問題に注目した研究（高野，1996；鈴木，2018）から，中山間地域に居住する住民，なかでも高齢者にとって日常生活へのニーズが，交通の不便さと関連していることが明らかになっている．過疎山村においては交通問題が住民の日常生活に与える影響は大きい（加来，2016：155）．このことから，たとえば中山間過疎地域で健康不安を抱えた住民の生活を支援していくためには，従来の支援のかたちを変えることが重要となる．つまり，利用者が訪れてくることを前提とした保健医療福祉のサービスの提供ではなく，専門職による訪問型の支援ということへの転換がもはや不可欠である．専門職による訪問によって，交通不便な地域に居住する住民にとっても生活不安の軽減につながると考えられる．

一方で，山本は，人口減少していく過疎農山村の展望について，「それはまず，地域に住み・暮らし・来住してくる者の生活構造の中にこそ求められねばならないだろう」と指摘している（山本，2000：13）．中山間過疎地域で暮らす精神障害者の生活支援は，住民としての精神障害者の生活に根ざした支援である必要性が出てくる．専門職が単に訪問すればよい，ということではなく，やはり，そこに住む住民としての精神障害者の生活に根ざした支援としてのあり方が問われてくると考えた．そこで，本調査を行うこととした．

Ⅲ　調査

Ⅲ－1．調査の概要

中山間過疎地域における支援の実践内容とその特徴を明らかにするために，事前に設定した調査協力者の選定条件を設けた．その選定条件は，次の通りである．①3年以上の実践経験をもつ精神保健福祉士であること，②精神保健福祉士として訪問支援の経験があること，③中山間過疎地域に居住する精神障害者の訪問支援を経験したことがあること，とした．

Ⅲ－2．倫理的配慮

調査にあたっては，事前に調査協力者に対して，本研究の目的及び方法について口頭並びに文書を用いて説明し，書面による調査協力の意思確認を行った．調査にあたっては，筆者が所属していた機関の生命倫理委員会の承認のもとに実施した．

Ⅲ－3．調査協力者

選定条件によって調査協力を得られた方については，次の通りである．なお，調査協力者を募るにあたっては，筆者が精神保健医療福祉領域で精神保健福祉士としての実践経験を持つが，その時からの関係者や，その関係者からさらに推薦してもらった方のうち選定条件にあった方に調査協力の依頼を行い，その結果11名の精神保健福祉士から調査協力を得ることができた．内訳は，男性6名・女性5名，経験年数の平均は，11,18年であった．調査当時の所属先は，精神科医療機関勤務が9名，障害福祉サービス事業所勤務が2名であった（表4－1）．

表4－1．調査協力者（一覧）

ID	性別	経験年数	勤務先
1	女性	5	精神科医療機関
2	女性	4	精神科医療機関
3	女性	12	精神科医療機関
4	女性	6	障害福祉サービス事業所
5	女性	6	障害福祉サービス事業所
6	男性	15	精神科医療機関
7	男性	16	精神科医療機関
8	男性	16	精神科医療機関
9	男性	17	精神科医療機関
10	男性	12	精神科医療機関
11	男性	14	精神科医療機関

調査にあたっては「中山間過疎地域における精神障害者の訪問支援では，どのようなことを行ったのか」等のインタビューガイドを事前に準備して半構造化面接によって実施した．IC レコーダーに録音することを説明し，了承を得た上で録音した．インタビューによる調査期間は，2016（平成28）年9月～2017（平成29）年3月までで，インタビュー時間は，1回あたりおおよそ90分程度であった．

Ⅲ－4．分析方法

インタビューによって得られたデータは，逐語録化によってテキストデータにし，佐藤郁哉（2014）による定性的分析を援用して分析した．なお，各データ末尾の（○囲みの番号）は，それぞれの調査協力者のID番号をあらわしている．また，各データに下波線を付している箇所は，データの中でもっともその状況を示していると筆者が考えた箇所を強調し，（　）内は筆者による補足を行っている．

Ⅳ 分析結果

本調査におけるインタビューデータについて，分析を行い，4つのカテゴリーと13のサブカテゴリーを生成することができた．それぞれのカテゴリーとサブカテゴリーについては，次の通りである（表4－2）．

表4－2．カテゴリー一覧

カテゴリー	サブカテゴリー
《情報の精査》	1．〈情報提供者との直接的接触〉
	2．〈キーパーソンの確認〉
	3．〈移動手段の確認〉
《生活の遮断回避》	1．〈変化を察知する〉
	2．〈手続きに遺漏ないよう郵便物を確かめる〉
	3．〈受け入れられてこそ成り立つ訪問〉
	4．〈他職種との情報交換による情報更新〉
	5．〈訪問によって理解できること〉
《地域特性の利活用》	1．〈距離による難しさ〉
	2．〈集落の強みに目を向ける〉
	3．〈近さの難しさ〉
《気づかれない配慮》	1．〈病院名の入っていない車を使用する〉
	2．〈私服で訪問する〉

以下に，それぞれのカテゴリーとサブカテゴリーについて語りを示し説明を行う．

Ⅳ－1．情報の精査

情報の精査とは，訪問支援を行って行くにあたっては，中山間過疎地域に支援を要する人についての何らかの情報が支援者に入ってくる段階で，その情報を精査していくことである．1. 情報提供者との直接的接触，2. キーパーソンの確認，3. 移動手段の確認，である（表4－3）．

表4－3.《情報の精査》

《情報の精査》	1.〈情報提供者との直接的接触〉
	2.〈キーパーソンの確認〉
	3.〈移動手段の確認〉

1〈情報提供者との直接的接触〉

訪問支援にあたって，まずは，情報が入ってくるという局面がある．本調査における支援者は，この情報が入ってきた段階では，情報を提供した人と直接情報の意図などを確認していくこととなる．

・最初，初めて，その人のおうちに行くっていうときは，**やっぱり，その人のキーパーソンだったりとか（に確認を取ったりする）**．あと，訪問看護においては必ず先生の指示箋が必要になってくるので，**それを確認して，だいたいどういうところに注目をして支援が必要なのかと（先方に確認を取っていく）**（①，2016年9月7日）

・**お話をいただいた方から，できるだけ聞き取りをさせてもらったりとか**（⑤，2016年9月8日）

2 〈キーパーソンの確認〉

情報の中から，支援者はまだ利用者本人とは出会ってはいないものの，誰がキーパーソンとなるのかを確かめておくことである．

・そこから，「この手続きがいるんだけど」となったら，「1人じゃ行けないなら，どなたか付いて行ってくれる人は，いそうですか」とか．そういう感じで聞いていって，誰か親戚の方の名前が出てきたりとか，そういう感じでなる場合もあります．…訪問看護に実際行って必ずやっていることは，もちろん，この人のキーパーソンが本当に，その人だけなのかというほかに，身の回りでちょっと気に掛けてくれる人がいるんじゃないかとか，そういった情報とか（①，2016年9月7日）
・その中で，ご本人さんの基本情報ですよね．…キーマンとなられる方は家族の誰なのか（④，2016年9月8日）

3 〈移動手段の確認〉

訪問先の状況として，移動手段を確かめていく．これは，農山村における課題でもある交通の「移動手段」を持っているのかどうか，を確認している．

・その人の，例えば移動手段ですよね．運転ができるのか，できないのか．できないなら，どうやって買い物をされているのかとか．何かあったとき，その人はどうすれば．例えば，救急車を呼ぶほどでもないんだけど，体調が悪いときに自分で行くことができないなら，どうやってその人は（病院に）行くんだろうというのは，いつもちょっと考えて，注意して，ちょっと話の聞き取りだとか，そういうのをやったりしていますけ

ど（①，2016年9月7日）

・この方が，かなりうちの病院から遠いところに住んでいたって言うのが一つで．クルマで，だいたい1時間ちょっと越えるくらいの所に（⑥，2016年11月14日）

・通院するのにも交通手段がないっていうところで，どうしようかなってなったりとか（⑪，2017年2月27日）

・やっぱり，交通手段ですかね（⑪，2017年2月27日）

Ⅳ－2．生活の遮断回避

生活の遮断回避とは，訪問時に生活が社会との関係が途絶しないように，生活のための支援を行っていくことである．ここでは，1. 変化を察知する，2. 手続きに遺漏ないよう郵便物を確かめる，3. 受け入れられてこそ成り立つ訪問，4. 他職種との情報交換による情報更新，である（表4－4）．

表4－4.《生活の遮断回避》

《生活の遮断回避》	1.〈変化を察知する〉
	2.〈手続きに遺漏ないよう郵便物を確かめる〉
	3.〈受け入れられてこそ成り立つ訪問〉
	4.〈他職種との情報交換による情報更新〉
	5.〈訪問によって理解できること〉

1〈変化を察知する〉

訪問時に，前回訪問時と何らかの変化が起こっているのか，どうかを察知している．変化がない，ということも含まれている．

・例えば毎回訪問していく中で，前回は，これはなかったけど，何か差し入れみたいなのがあるとか．そういうところで，

「あっ，差し入れがありますね，どうされました」とか（①，2016年9月7日）

・ちょっとした家の中の変化とか，そういうのから本人の，何かちょっと精神症状が悪くなっているとか，良くなっているとか，そこの部分を相談員の目線として介入できるというのが，徐々に，あとあと気付いてきたんですけど．汚くなっているなら，ちょっと掃除が自分で厳しくなってきているんじゃないかとか．どう考えてもヘルパーさんとかを入れたほうがいいんじゃないかなと．で，「ヘルパーさんとか，ありますよ」というところから相談員として入れたり，介入できたり（③，2016年9月7日）

・話しかけたときの目線を全然合わせないとか，いらいらした感じがあるとか．（⑦，2016年11月18日）

・普段はちゃんと整理されているお部屋が，ちょっと散らかっていたりとか，逆に散らかっているお部屋が整理されていたりとか，いつもと違うような生活の状況があったりする（⑨，2016年12月6日）

2 〈手続きに遺漏ないよう郵便物を確かめる〉

訪問の際に，官公庁からの郵便物等があった場合に，本人の了承を得た上で，内容を確認し，必要な手続きのサポートを行うこと．

・患者さんによっては，市役所からの書類をそのまま，ぽっと置いとんなはったりして，実は，ちょっと，これは重要な書類だったとかも結構あるので，ちょっと書類が置いてあったら，「この書類は最近，来たんですか」とか言って，「手続きとか何か必要なの，ないですか」というふうな感じで（①，2016年9月

第4章

7日）

- 中山間部のときによく感じるのが，行って何をするかっていったときに，例えばお一人暮らしの方のところに行って，一緒に，例えば年金の更新の手続きについて話し合うとか（⑦，2016年11月18日）
- 家のほうにきている，いろんな郵便だったりとか，公的な書類だったりとかがあるので（⑧，2016年11月18日）
- 家に届く書類があるじゃないですか．役所からの書類．まずそれを見ても，みんななんだかわからないんですよね．だから，それを一緒に見たりとか（⑩，2016年12月6日）

③〈受け入れられてこそ成り立つ訪問〉

訪問によって行う支援は，従来のように専門機関に来談されて行われるものではなく，当事者の居場所に，専門職が訪れる．そのため，訪問による支援が成り立つための大前提としては，その居場所の主人公である当事者に訪問が受け入れられてこそ，始めて成り立つことを理解しておく必要がある．

- 本人さんが受け入れてくださっての訪問看護なので．そこの本人さんの，なるべく意向に沿った，ニーズに沿ったというのは，すごく頭に置いてはいます（①，2016年9月7日）
- ご自宅は，言ったら，完全にその人の土俵なので，相手の土俵でやりましょうっていう話になってくるので（⑥，2016年11月14日）

④〈他職種との情報交換による情報更新〉

訪問支援は，常に毎日行うわけではないことが多い．急を要しない場合などには，訪問と次回の訪問との時間的間隔が数日から数週間ということもある．そこで，訪問と訪問の間でも，他職種などからの情報収集を継続的に行い，最新の情報に更新することを行っている．

・保健師さんとかに関わっていただいているので，そういう保健師さんと情報交換をして，情報収集をしたりとか．・・・関係者間に報告，情報収集．ケアマネが付いていれば，ケアマネに「今日，ちょっと，ぼーっとされている感じがあったんですけど，何かヘルパーから聞いてませんか」と電話をして情報収集したりとか．その報告も情報提供になるので，「様子を見とってください」という情報提供をしたりとか．必ず関係者間には，ちょっと，そういう動きがあったときとかは報告するように．先生に報告したあとに，「じゃあ，こういうふうにしようか」と先生から返答があるので，それをケアマネに伝えたりとか（①，2016年9月7日）
・結構，周りの，近所の方が，その方をすごく見守ってやんなはる（おられる）んですよ．なので，結構，保健師が訪問するときに，保健師にいろいろ近所の人が，「あの人，こがんだったよ」とか言われてるので，その情報をこっちにもらったりという感じで支援をしたというのはあります．・・・支援者からのお話だった場合には，ご本人さん宅に行く前に，支援者会議を一旦開いて行ったりとかいう形をしたりはします（⑤，2016年9月8日）

5〈訪問によって理解できること〉

訪問支援によって，利用者の普段の表情や生活を見ることで，利用者の理解につながっていく．そのことが，より，利用者のニーズに近づいた支援を提供することにつながっていく．

・家の状況と，病院の生活のギャップを測るっていうのがあって（⑥，2016年11月14日）
・郡部には郡部の良さっていうのが，たぶんあって，もちろん社会資源とかっていうと，それは圧倒的に足りないんですけど，けど，よく考えたら，社会資源が無くても生活している人たちがそこにいたりするっていうのも事実なので（⑥，2016年11月14日）

Ⅳ－３．地域特性の利活用

地域特性の利活用とは，訪問支援，とくに，中山間過疎地域における訪問支援では，中山間過疎地域という地域特性を理解した上で，生活支援に有効に利活用していることである．ここで生成されたのは，1. 距離による難しさ，2. 集落の強みに目を向ける，3. 近さの難しさ，である（表4－5）．

表4－5.《地域特性の利活用》

《地域特性の利活用》	1.〈距離による難しさ〉
	2.〈集落の強みに目を向ける〉
	3.〈近さの難しさ〉

1〈距離による難しさ〉

中山間過疎地域における訪問支援では，医療機関や事業所の所在地から訪問先までの地理的距離が遠いことがネックになっていく．

・特に田舎の横の山間地域と，やっぱり町中の訪問は全然違う気がしていて，まず距離がありますので，頻回に臨時訪問と

かができないんですよね（⑦，2016年11月18日）
・訪問の効率性を考えると，片道1時間になってくると，やっぱり行けて週に2回ってことになるんですよね（⑩，2016年12月6日）

2〈集落の強みに目を向ける〉

中山間過疎地域は，近隣住民同士の普段のやりとりも多く交わされていることを理解している．

・（料理を）作ったものを隣近所（の住民）が持ってきてくれるとか．そういうのはあってますね．そういうのは田舎ならではなのかなと（①，2016年9月7日）
・田舎のいいところとして，近隣の関係が近いっていうのは，とてもあって（④，2016年9月8日）
・その人は一軒家だったので，隣近所，向かい側のおうちのほうも挨拶に行ったら，実はそんなに拒否してはいなくって．むしろ，ちょっと心配しているぐらい．10ヶ月もいなくなったから，どうしたかと思っていたっていうのもあって（⑥，2016年11月14日）
・田舎だから，本当に何かあったときは，それなりに助け合って（⑦，2016年11月18日）

3〈近さの難しさ〉

中山間過疎地域では，集落近隣住民同士の普段のやりとりが多く，かえってそのことが中山間過疎地域で暮らしていく上での難しさの要因のひとつになっていることを理解している．〈集落の強みに目を向ける〉と対極に位置付く．

・近所の人がいろいろ言ってくるんだけど，自分はすごくきつくて，それが嫌だとか．ちょこちょこ近所の人は心配して見に来て，ちょっとお話して帰んなはるけど，本人は，ちょっとそれが負担だとか．そういうのも聞いたりはします．それは田舎ならではなのかなというのはあります（①，2016年9月7日）

・近ければ近いほど，1回うわさがたったりとか，何か，例えば病気の症状による，いわゆる問題行動を起こしたとなれば，結びつきが強いところほど，さっと離れていってしまう可能性は高いかなと思うんですよね（④，2016年9月8日）

・隠しようがないっていうところが，やっぱりあるので（⑥，2016年11月14日）

・その近隣の方も，「一人で何か，ぶつぶつ言い始めると悪くなりますもんね」とか（⑧，2016年11月19日）

Ⅳ－4．気づかれない配慮

訪問支援，とくに，中山間過疎地域における訪問支援では，利用者の意思があれば，近隣に気づかれない配慮も支援者には必要とされる場合もある．中山間過疎地域という地域特性を理解しておくことが重要になる．ここで生成されたのは，1. 病院名の入っていない車を使用する，2. 私服で訪問する，である（表4－6）．

表4－6.《気づかれない配慮》

《気づかれない配慮》	1.〈病院名の入っていない車を使用する〉
	2.〈私服で訪問する〉

1〈病院名の入っていない車を使用する〉

農山村における訪問では，集落であまり見たことのない車などが通ったり，停まっていたりするだけでも，近隣住民の関心の的になり得る．そこで，近隣への配慮という観点からも，精神科医療機関の名前が入っていない車で訪問を行っている．

・やっぱり，田舎ならではのうわさが，すごい広まるというところで，訪問看護の車も結構，覚えていらっしゃる方は覚えていらっしゃって．昔，ピンクのワゴンで訪問していたときは，「その車は○○病院だから」というので把握されるので，名前を伏せてある車で．かえって，ほかの車を探して．そこまで気を使うということも中にはありました．すぐ，やっぱり（②，2016年9月7日）
・結構，車に名前が入っていないので行くようにしたりとか．私が誰ですというのを玄関先で，大きな声で言わないようにしたりとか（⑤，2016年9月8日）
・病院の名前の入っていない車になる（⑥，2016年11月14日）
・訪問看護の車は，もちろん病院の名前とか入っていないんですけど，それはもう絶対だし（⑦，2016年11月18日）
・行く車に病院お名前は，もちろん入っていませんし（⑧，2016年11月18日）
・病院の車だけど，そういう普通の軽自動車だったりとか（⑪，2017年2月27日）

[2]〈私服で訪問する〉

農山村における訪問では，集落であまり見たことのない人などがいたりするだけでも，近隣住民の関心の的になり得る．そこで，近隣への配慮という観点から，訪問する専門職は服装を私服に替えて訪問を行っている．

・完全な私服で，着替えてから行きます（④，2016年9月8日）

第4章

・訪問看護の車は，もちろん病院の名前とか入っていないんですけど，それはもう絶対だし，服装も，おそろいのジャージとか，そんなんじゃなくて，普通の，日頃の，そこら辺を歩いている人と同じような格好で行ったり（⑦，2016年11月18日）
・行く車に病院お名前は，もちろん入っていませんし，訪問する職員の洋服も普段着です（⑧，2016年11月18日）

調査農山村に暮らす人々の暮らしを支えるソーシャルワーカーに必要なこと

V－1．訪問型支援の実践内容とは

厚生労働省が2011年に示した『アウトリーチ推進事業手引き』においては，「実際の支援の手順」を(1)相談受付，状況把握，(2)ケース・カンファレンスの開催，(3)初回訪問，(4)アセスメント，(5)支援計画の作成，(6)支援の開始（危機介入を含む），(7)問題の解決を入院に頼らない原則の確認，(8)再アセスメント及びモニタリング，(9)実施評価（エバリュエーション），(10)本事業による支援終了→診療や障害福祉サービス事業等による支援継続へ，と10項目で示している（厚生労働省，2011：10）.

カテゴリー《情報の精査》は，同手引きのうちの「(1)相談受付，状況把握」に相当する．このカテゴリーは〈情報提供者との直接的接触〉，〈キーパーソンの確認〉，〈移動手段の確認〉から構成されている．〈情報提供者との直接的接触〉は「お話をいただいた方から，できるだけ聞き取りをさせてもらったりとか（⑤，2016年9月8日）」というように訪問支援を行っていくにあたっては，情報が入ってきた段階では，情報を提供した人と直接情報の意図などを確認していくことである．また，「その中で，ご本人さんの基本情報ですよね．…キーマンとなられる方は家族の誰なのか（④，2016年9月8日）」という〈キーパーソンの確認〉があわせて実践されていく．そして，データでも「その人の，例えば移動手段ですよね．運転ができるのか，できないのか．できないなら，どうやって買い物をされているのかとか．何かあったとき，その人はどうすれば．例えば，救急車を呼ぶほどでもないんだけど，体調が悪いときに自分で行くことができないなら，どうやってその人は（病院に）行くんだろうというのは，いつもちょっと考えて，注意して，ちょっと話の聞き取りだとか，そういうのをやったりしていますけど（①，2016年9月7日）」というように，交通手段をどのように確保しているのか，という〈移動手段の確認〉として精神保健福祉士は確認している．

カテゴリー《生活の遮断回避》では，〈受け入れられてこそ成り立つ訪問〉〈変化を察知する〉〈他職種との情報交換による情報更新〉がある．訪問型の支援では「ご自宅は，言ったら，完全にその人の土俵なので，相手の土俵でやりましょうっていう話になってくるので（⑥，2016年11月14日）」という前提を中心においている．また「普段はちゃんと整理されているお部屋が，ちょっと散らかっていたりとか，逆に散らかっているお部屋が整理されていたりとか，いつもと違うような生活の状況があったりする（⑨，2016年12月6日）」というように毎回の訪問では表面上は穏やかに，でも感覚は研ぎ澄ませておくという技術が〈変化を察知する〉となる．

V－2．農山村をはじめとした中山間過疎地域における訪問型支援の特徴とは

中山間過疎地域で生活する精神障害者にとって，精神保健福祉士ら専門職が行う訪問型支援はどのような意義があると考えられるのだろうか．この点について，生涯現役社会を構築することについて

論じた高野からヒントを得られると考えた．高野は，1）諸個人が社会参加活動へ参加することを促すための支援策（社会参加活動に関する情報提供，時短などによる制度的な活動時間の確保促進など）とならんで，2）実際の集団や組織への参加を保障する社会基盤の形成（活動拠点の確保，移動手段の整備，情報提供や資金援助など）の，ふたつの側面を考慮する必要がある，とした（高野，2012：78）．中山間過疎地域で生活する精神障害者にとって，精神保健福祉士ら専門職が行う訪問型支援は，①訪問している時間そのものが，中山間過疎地域で生活している精神障害者にとってひとつの社会参加の機会であること，そして②訪問が，地域住民との再共同のきっかけになる可能性があること，という意義があると考えられるのである．

調査では「田舎だから，本当に何かあったときは，それなりに助け合って（⑦，2016年11月18日）」という〈集落の強みに目を向ける〉ことで訪問型の支援の回数に何らかの制約が加わったとしても，住民どうしのつながりが，それを補完しており，支援者も集落の強みを加味した支援を考えていることが明らかとなった．これは，訪問が，地域住民との再共同のきっかけになる可能性を示している．

しかしながら他方で，「近ければ近いほど，1回うわさがたったりとか，何か，例えば病気の症状による，いわゆる問題行動を起こしたとなれば，結びつきが強いところほど，さっと離れていってしまう可能性は高いかなと思うんですよね（④，2016年9月8日）」と〈近さの難しさ〉がある．小さな集落であれば，結びつきが強いという反面，その集落に戻れないということも起こり得る可能性がある．

そして，利用者本人の意向をもとに《気づかれない配慮》は必要に応じて行われていた．具体的には「やっぱり，田舎ならではのうわさが，すごい広まるというところで，訪問看護の車も結構，覚えていらっしゃる方は覚えていらっしゃって．昔，ピンクのワゴンで訪問していたときは，「その車は○○病院だから」というので把握されるので，名前を伏せてある車で．かえって，ほかの車を探して．そこまで気を使うということも中にはありました．すぐ，やっぱり（②，2016年9月7日）」という〈病院名の入っていない車を使用する〉と「行く車に病院お名前は，もちろん入っていませんし，訪問する職員の洋服も普段着です（⑧，2016年11月18日）」といった〈私服で訪問する〉という配慮を実践していた．

この点については，住民としての精神障害者が，集落で住み続けることができるように，精神保健福祉士が，精神障害者と近隣住民とのあいだを取りもつ実践と考えられる．

農山村については，住民同士の連帯は強く，それがフォーマルな社会資源が少ないことをインフォーマルな資源でカバーしているとも考えられる．しかし，本調査結果から見る限りにおいては，現実の農山村における実践では，気づかれないことに配慮することも重要となることが明らかになった．もちろん，すべての農山村で，気づかれない配慮が必要というわけではない．しかし，農山村の集落の住民同士だからといって，住民同士みんなが常に仲が良く，お互いのことを詳しく知り合っているだろう，という根拠のない先入観は気をつけるべきであろう．

Ⅵ　農山村における調査から見えてきたソーシャルワークの課題

本研究は，訪問支援を行った経験のある精神保健福祉士から調査協力を得て，その実践内容に関するインタビュー調査を行った．そのためいくつかの限界がある．

本調査は，精神障害当事者への調査ではないため，中山間過疎地域に暮らす精神障害者の生活の実態に迫ることができていないという点である．つまり，中山間過疎地域に居住する精神障害者への訪問支援における実践内容の分析にとどまった．中山間過疎地域を中心とした場における福祉的生活課題への支援を検討していくことについては，「農村ソーシャルワーク（髙木，2018）」という着想を得ているが，これを含めて，高齢者のみならず，障がいや何らかの生活困難を抱えながらも農山村をはじめとした中山間過疎地域で暮らしている住民を視野に入れた調査が必要であるとかんがえている．

また，都市部でも同様の現象が起こりうることなのか，ということについても比較検討して検証していく必要がある．

今回は，限られた人数の調査と分析結果であるため，本研究の結果で得られた知見の一般化の可能性には限界がある．しかし，限定的ではあるが，農山村・中山間過疎地域において生活課題を抱えながら暮らす精神障害者に対して，精神保健福祉士が訪問支援の場面において，どのような支援を実践しているのか，ということの一部を明らかにすることができた．農山村をはじめとした中山間過疎地域における住民の「生活支援」を展開するうえでひとつのかぎとなるのではないだろうか．

ひきつづき，農山村や中山間過疎地域に暮らす人々の語りに耳をかたむけなければならないと筆者は考えている．

文　献

加来和典（2016）「第6章　過疎山村における交通問題―大分県日田市中津江村の事例から」徳野貞雄監修　牧野厚史・松本貴文編『暮らしの視点からの地方再生―地域と生活の社会学』九州大学出版，155－74.

木戸芳史・廣川聖子・萱間真美（2014）「未受診者へのアウトリーチ」『精神療法』40（2），217－22.

公益社団法人日本精神保健福祉士協会（2016）「精神障害者を地域で支える医療の在り方」『「これからの精神保健医療福祉のあり方に関する検討会」新たな

地域精神保健医療体制のあり方分科会（第3回）資料4』公益社団法人日本精神保健福祉士協会ホームページ（2018年9月26日取得，https://www.mhlw.go.jp/file/05-Shingikai-12201000-Shakaiengokyokushougaihokenfukushibu-Kikakuka/0000125870.pdf）.

厚生労働省（2011）「精神障害者アウトリーチ推進事業の手引き」厚生労働省ホームページ，（2018年12月3日取得，https://www.mhlw.go.jp/bunya/shougaihoken/service/dl/chiikiikou_03.pdf）.

厚生労働省（2012）「平成21年精神科病院退院患者の退院先の状況」厚生労働省ホームページ（2018年9月26日取得，https://www. mhlw. go. jp/stf/shingi/2r98520000028siu-att/2r98520000028t0u. pdf）.

厚生労働省（2018）「第8部　精神科専門療法」『診療報酬の算定方法の一部を改正する件（告示）』厚生労働省ホームページ（2018年12月3日取得，https://www.mhlw.go.jp/file/06-Seisakujouhou-12400000-Hokenkyoku/0000196295.pdf）.

松本貴文（2016）「第3章　新しい地域社会調査の可能性」徳野貞雄監修　牧野厚史・松本貴文編『暮らしの視点からの地方再生―地域と生活の社会学』九州大学出版，85－108.

佐藤郁哉（2014）『質的データ分析法　原理・方法・実践』初版第8刷，新曜社.

鈴木裕介（2018）「中山間地域における高齢者の介護の現状」『農業および園芸』93（6），497－501.

髙木健志（2017）「中山間地域等における訪問支援の可能性に関する研究：訪問支援の経験がある支援者へのインタビュー調査から」『山口県立大学社会福祉学部紀要』24，21－32.

髙木健志（2018）「中山間農山村地域における福祉的課題とソーシャルワークとの関連に関する考察：「農村ソーシャルワーク」という可能性」『山口県立大学社会福祉学部紀要』24，135－43.

高野和良（1996）「過疎農山村社会における社会福祉―社会福祉サービス利用に対する抵抗感をもとに」『社会分析』24，49－62.

高野和良（2012）「『生涯現役社会』像の地域性―山口県内の現状をもとに」『やまぐち地域社会研究』9，75－86.

徳野貞雄（2010）「縮小論的地域社会理論の可能性を求めて―都市他出者と過疎農山村」『日本都市社会学会年報』28，27－38.

山本努（2000）「過疎農山村問題の変容と地域生活構造論の課題」『日本都市社会学会年報』18，3－17.

第4章

第 5 章

現代農山村におけるソーシャルワーク支援実践の評価指標の開発

I　評価指標が必要な理由

現在のわが国社会は，高齢化と人口減少という避けることのできない課題を抱えている．団塊の世代が高齢化し，さらに，若年世代をはじめとした人口減少，さらに，減少した人口が流動することで起こる都市の人口の過密と，地方の人口の過疎という極端な現象が予想されている．「選択」と「集中」の重要性が叫ばれている．経済原理としての選択と集中という考え方があることは理解できる．しかし，はたして人びとの暮らしの意識や何もかもまでもが，経済原理だけにとらわれてもいいものなのだろうか．

わが国の経済社会状況においては，貧困問題，介護問題，地域の希薄化等々の問題が都市部をはじめ全国各地で起こっている．そして，これらの問題状況は，人びとの関係が希薄だとされる都市部だけで起こっていることだとは考えにくい．つまり，中山間地域，なかでも農山村においても，貧困，過疎化，老老介護といった介護問題，養育困難といった子育ての問題，コミュニティの希薄化など実に様々な福祉的課題状況が複雑に絡み合って起こっているのではないだろうか．なぜならば，わが国は都市部だけで成り立ってはおらず，むしろ多くの地方があるからこそ，都市部を含めわが国社会が成り立っているのである．

メンタルヘルスという言葉はずいぶんと社会に浸透し，世間の様相を映し出すように用いられている．一方で，人口の高齢化に伴って，認知症患者が急増し続けている現状から，精神科病院の入院期間の長期化といった状況が続いている．つまり，こんにちのわが国の社会における精神保健医療福祉の位置づけは，いわばメンタルヘルスということばにあらわれるような「浸透」の状況がある一方で認知症による入院患者が増え続けているという状況にあると考えられる．

施策としての精神保健医療福祉については，入院治療中心から地域生活中心へというスローガンのもと，精神障害者の地域生活支援が展開されている．精神障害者の退院促進，地域移行支援が展開されていくなかで，地域で生活することを支える仕組みづくりが急務とされている．そして，その方法の一つとして，専門職による訪問型の支援があげられる．従来，医療機関や事業所等で専門職がクライエントの来談を待つ，という形式が主要であったが，地域生活を中心とした支援を考えるならば，専門職が出向くというこの訪問型の支援の重要性は増していくと考えられる．

また，精神障害を抱えつつ，日常生活を送る市民のすべてが，福祉サービスの豊富な市街地に居住しているわけではないと考えられる．つまり，中山間過疎地域にも，精神障害を抱える市民が日常生活を送っていると考えたほうが現実的ではないだろうか．

そこで，本章では，わが国の精神保健医療福祉の施策を整理したうえで，一つの中山間地域を例に取り上げつつ，中山間地域における精神保健医療福祉の必要性に論じる．それをふまえ，筆者が行ってきた調査の結果（髙木，2017；2019）をもとに，中山間地域における精神障害者への訪問型支援に活用できうる仮説的評価項目を開発したので報告する．

第5章

Ⅱ　中山間過疎地域等における精神保健福祉士の訪問支援に関する評価指標の開発

ここまでみてきたように，こんにちのわが国の精神保健医療福祉では，「地域移行支援」と「地域生活の支援」が重要な課題とされてはいるものの，地域で日常生活を営む精神障害者のための専門職の訪問型支援はまだ整備の段階にあること，そして，中山間地域に居住する精神障害者にとっては，中山間地域における訪問型支援を提供できる事業所が十分ではない状況があることが整理できた．さらに，埼玉県内の訪問看護ステーション236施設を対象に調査を行った藤田（2019）の報告によると，「精神科訪問看護で困っていること」についての設問では，93件の回答のうち，「精神科訪問看護経験豊富なスタッフがいない」という回答が25件（26,8%）であった（2019: 9）．この項目から，精神科訪問看護の最前線である訪問看護ステーションでは，経験の浅いスタッフによって実践されているという実情が浮かび上がってくる．

ということは，中山間地域における精神障害者の地域生活を支援する手だとしての訪問型支援は，「数少ない事業所が訪問型支援を提供し，なおかつその数少ない事業所で経験の浅いスタッフによって切り盛りされている状況」にあることが推測される．

では，その中山間地域における数少ない事業所で活躍する経験の浅いスタッフであっても，すくなくとも必要最低限の実践になるよう支えられる実践の評価指標があれば，支援の質の担保は可能になるのではないだろうかと筆者は考えた．

そこで，髙木による2つの調査結果（2017；2019）をもとに，精神科訪問看護に従事する専門職のなかでも生活支援に力点をおく精神保健福祉士に焦点をあて，そして経験の浅いスタッフであったとしても，中山間地域に居住する精神障害者への訪問支援における援助実践の評価指標を開発することとした（表5－1）．

この評価指標は，1. 情報収集段階，2. 他職種・他機関との連携，3. 接触段階，4. 本人との接触，5. 訪問先の状況確認，6. 訪問先と周囲への配慮，7. 訪問時の実践事項，から構成される．つまり，時間を軸としたうえで，1. 情報収集段階，2. 他職種・他機関との連携，3. 接触段階，4. 本人との接触，5. 訪問先の状況確認，6. 訪問先と周囲へ

表5－1．中山間過疎地域等における精神保健福祉士の訪問支援に関する評価指標

大項目	項目	チェック
情報収集段階	情報源が明らかである	
	情報源と接触が可能である	
	寄せられた情報は正確である	
	偏った情報である可能性の有無の精査	
他職種・他機関との連携	事前情報を行政機関職員等と共有できている	
	地域内の他機関職員等と情報共有できている	
	他機関・他職種職員等との事前情報の正確性を検証できている	
	一人で抱え込まない状況を事前に作れている	
	接触時に，他機関職員の同行も依頼できる	
	他機関職員と情報を常に共有できる	
	他機関職員と役割分担して支援が提供できる	
接触段階	本人と接触できる	
	面と向かって接触できる	
	何気なく接触できる	
本人との接触	呼びかけに応答がある	
	玄関の外で話ができる	
	玄関の中で話ができる	
	家の中で話ができる	
訪問先の状況確認	清潔が保たれている	
	自宅内の様子が前回訪問時と変化がある・ない	
	冷蔵庫のなかは清潔である	
	ごみは，適切に処分されている	
	台所は清潔に保たれている	
訪問先と周囲への配慮	服装は平服である	
	移動の車に機関名は入っていない	
	近隣住民への名乗り方については，事前に本人と打ち合わせている	
	移動の車の駐車スペースは，事前に本人と打ち合わせている	
訪問時の実践事項	部屋のささいな変化を，前回訪問時と比べて気づくことができる	
	本人の体調の変化に気づくことができる	
	他職員の支援がさらに必要なのかどうかを，その場で判断できる	

髙木（2017；2019）を元に筆者作成

第5章

の配慮，7. 訪問時の実践事項，という大項目として7項目，また，その時間を軸として整理した大項目に含まれる実践の要素を項目として 30 項目から構成される評価指標を開発した．

以下に，それぞれの項目を説明していく．

Ⅱ－1．情報収集段階

「情報収集段階」は，訪問型の支援を行う前に，その必要性に関する情報が支援者に寄せられたりした局面のことである．この段階で，支援者は，次のことを実践していくことが必要になると考えられる．「情報源が明らかである」「情報源と接触が可能である」「寄せられた情報は正確である」「偏った情報である可能性の有無の精査」である．

「情報源が明らかである」とは，訪問支援の必要性に関して寄せられる情報のうち，匿名の情報ではなく，誰から寄せられた情報なのかということを確かめておくことが必要であるということである．次に，「情報源と接触が可能である」とは，寄せられた情報についてその情報源である人とのコンタクトがとれる状態かどうか，確かめておく必要があるということである．そしてそのうえで，「寄せられた情報は正確である」ことを確かめていくこととなる．これらの実践を経ることで「偏った情報である可能性の有無の精査」を行うことができる．

Ⅱ－2．他職種・他機関との連携

情報の精査を行ったうえで，訪問支援の必要性が確認できれば，次に「2. 他職種・他機関との連携」に取りかかる．場合によっては，情報精査と並行して実践される場合もありうるであろう．この大項目は，「事前情報を行政機関職員等と共有できている」，「地域内の他機関職員等と情報共有できている」，「他機関・他職種職員等との事前情報の正確性を検証できている」,「一人で抱え込まない状況を事前に作れている」,「接触時に，他機関職員の同行も依頼できる」,「他機関職員と情報を常に共有できる」,「他機関職員と役割分担して支援が提供できる」という実践における確認項目からなる．特に，他機関の専門職らとの有機的な情報共有によって,「一人で抱え込まない状況」を作っておくことが健全な支援を展開していくためには必要である．

Ⅱ－3．接触段階

そして「接触段階」となる．この段階では,「本人と接触できる」,「面と向かって接触できる」,「何気なく接触できる」という接触の類型がある．どのような順で確実に本人と接触するのかということと，実際に本人と接触できるかどうか，は訪問型支援の展開を左右する最初の大きなポイントになる．たとえば，訪問販売員などがしばしば訪問してくる都市部と違い，農業や会社勤めで家を留守がちであることの多い中山間地域においては，平日の昼間に自宅を誰かが訪問することなどはとても珍しいことである．警戒される可能性も多いことから丁寧な準備が訪問する側には必要となる．

第5章

Ⅱ－4．本人との接触

さらに「本人との接触」という局面と連動してくる．ここでは,「呼びかけに応答がある」,「玄関の外で話ができる」,「玄関の中で話ができる」,「家の中で話ができる」という実践から生成された．クライエント本人との接触にあたっての局面での実践をさしている．中山間地域では，しばしば，隣家を「誰かが」訪問していた，とか「見慣れない人が」訪問していた，ということは，集落の話題にあがりやすい．そこで，十分に，クライエント本人と事前に訪問支援が知られてもいい・知られてはいやだ，ということなどを話し合っておくことが必要である.

Ⅱ－5．訪問先の状況確認

「訪問先の状況確認」は，訪問先における実践行動をあらわしている．具体的には，「自宅内の清潔が保たれている」，「自宅内の様子が前回訪問時と変化がある・ない，の判断」，「冷蔵庫のなかの清潔が保たれている」，「ごみは，適切に処分されている」，「台所は清潔が保たれている」から構成される．これは，クライエントの日常生活が支障なく営まれているかどうかについて，観察を通して判断していく実践である．中山間地域における訪問型支援では，都市部と違い頻回に訪問することは難しい場合が多いことから，一回の訪問で，生活の乱れの有無や生活の乱れと病状の変化との関連などを見極めることが必要となる．

Ⅱ－6．訪問先と周囲への配慮

また，「訪問先と周囲への配慮」では，利用者宅の周囲の住民に配慮をした実践となる．「服装は平服である，「移動の車に機関名は入っていない」，「近隣住民への名乗り方については，事前に本人と打ち合わせている」，「移動の車の駐車スペースは，事前に本人と打ち合わせている」という実践である．訪問支援，とくに，中山間過疎地域における訪問支援では，利用者の意思があれば，近隣に気づかれない配慮も支援者には必要とされる場合もある．中山間地域における訪問支援の実践では，近隣住民との関係の維持に配慮した実践を行う必要があることを示している．

Ⅱ－7．訪問時の実践事項

「訪問時の実践事項」は，「部屋のささいな変化を，前回訪問時と比べて気づくことができる」，「本人の体調の変化に気づくことができる」,「他職種の支援がさらに必要なのかどうかを，その場で判断できる」という実践から構成される．訪問時に，前回訪問時と比べて何らかの変化が起こっているのか，どうかを察知している．変化がない，ということも含まれていくが，それは，週に1度などの訪問時に留意する事項等を含むものである．状況確認との違いは，クライエント宅を訪問しているその最中に，他職種の支援が必要かどうかの判断とその判断に基づく支援実践行動と結びつく部分である．

Ⅲ　支援の現状から見えてくる課題から方策を探る

本章では，中山間地域等における訪問支援に関する仮説的な評価指標を生成し，提示することができた．

このなかであきらかになったこととして次の2点があげられる．

まず第1点目に，これまで，精神保健福祉士をはじめとした福祉実践者が，中山間地域に居住する精神障害者の支援にあたって，どのような実践を行っているのか，という点があまり明らかではなかった．この点について，整理できたことは今後の中山間地域に居住するさまざまな生活課題や福祉的課題をかかえる住民への支援を考えていくにあたってのひとつの手がかりになると考えられる．たしかに，中山間過疎地域等における精神保健福祉士の訪問支援に関する仮説的な評価指標とはいうものの，ここに示された項目は，普段社会生活を営むうえで，他人の家を訪問した際におこなうことと大きな違いが見あたるわけではないだろう．しかし，重要なことは，これまで明らかにはされていなかった，中山間地域に居住する精神障害者を訪問支援でおこなわれているその中身が明らかになったことである．それには，実践者から得られたデータにもとづき，仮説的な評価の指標が生成されたことは一定の価値があると考えられる．今後は，実践者に実際に使用していただきフィードバックを得てより精緻化させていく必要がある．

次に2点目に，精神障害者への訪問型支援の重要性についての認識をひろめていく必要性である．2019年7月20日にNHKで放映されたETV特集（「親亡きあと　我が子は…～知的・精神障害者家族の願い～」）でも，統合失調症の女性患者の自宅を，精神保健福祉士が訪問して支援している様子が取り上げられた．住み慣れた地域で生活するということを実現させていくには，訪問型の支援が欠かせない．地域生活の支援については「精神障害にも対応した地域包括ケアシステム」の構築がいそがれている（厚生労働省，2019）．精神科医療機関等から比較的近い場所に居住するクライエントにとっては，24時間すぐに対応できる支援機関があれば，地域での生活での不安は軽減される．他方で，市街地から距離がある中山間地域で居住するクライエントにとって，急変・急病時などを支える体制がなければ生活への不安も軽減されない．そのための手立ての一つとして，専門職が出向いていくという支援の形態の重要性がもっと増していくと考えられる．

このように，ここでは，わが国の精神保健医療福祉の現状と，訪問型の支援が果たす役割について整理した．そのうえで，これまでの高木の調査結果（2017：2019）にもとづき，訪問型の支援を実践する際のチェックリストを開発したので，報告した．今後は，支援者に実際に活用され，その結果を丁寧にまとめ，必要な修正を積極的に行い，実践現場の実情にもとづいたものに精緻化していく必要がある．なぜならば，農山村が「見えているけども見ていない（高木，2018：141）」こととして位置づいてはならない．

そしてそれらの取り組みを通して，筆者は，農山村をはじめ過疎や生活課題をかかえながら，中山間地域で生活を営む高齢者をはじめとした市民の安寧な日常に貢献できるようつとめていきたい.

文 献

藤田茂治（2019）「精神科訪問看護を実施する訪問看護ステーションのケアの質の向上のための取り組みとネットワーク構築の評価」，公益財団法人　在宅医療助成　勇美記念財団2017年度（後期）一般公募「在宅医療研究への助成」完了報告書，（2019年9月29日取得，http://www.zaitakuiryo-yuumizaidan.com/data/file/data1_20190531064522.pdf）.

厚生労働省（2019）「精神障害にも対応した地域包括ケアシステム構築のための手引きについて」厚生労働省　ホームページ，（2019年7月20日取得，https://www.mhlw.go.jp/content/12601000/000520869.pdf）.

NHK（2019）『ETV特集 「親亡きあと　我が子は…～知的・精神障害者　家族の願い～」』（2019年7月20日放映）.

髙木健志（2017）「中山間地域等における訪問支援の可能性に関する研究：訪問支援の経験がある支援者へのインタビュー調査から」『山口県立大学社会福祉学部紀要』24，21－32.

髙木健志（2018）「中山間農山村地域における福祉的課題とソーシャルワークとの関連に関する考察：「農村ソーシャルワーク」という可能性」『山口県立大学社会福祉学部紀要』24，135－143.

髙木健志（2019）「中山間地域における精神障害者への訪問型支援に関する一考察―訪問型支援を経験したことのある11人の精神保健福祉士へのインタビュー調査を通じて―」『社会分析』46，93－111.

第6章

農山村における生活と福祉的課題から考えるソーシャルワークの方向性

I　中山間地域に居住する精神障害者を取り巻く状況

精神保健医療福祉における地域に対する施策の状況について整理していくことから本章をはじめていきたい．

近年，地域医療の拡充，入院医療の急性期への重点化など医療体制の再編・拡充を目指す「精神保健医療体系の再構築」，薬物療法，心理社会的療法など，個々の患者に提供される医療の質の向上を目指す「精神医療の質の向上」，さらに「精神保健医療体系の再構築」と「精神医療の質の向上」とには横断的に人員の充実等による医療の質の向上が目指されている．

なかでも，社会的長期入院状態にあるクライエントの退院促進のために，地域移行・地域定着支援事業，精神障害者アウトリーチ推進事業が展開されている．2008（平成 20）年度から，受け入れ条件が整えば退院可能な精神障害者の退院支援や地域生活支援を行うことを目的とした「精神障害者地域移行支援特別対策事業」が実施されてきた．同事業は，2010（平成 22）年度からは，「精神障害者地域移行・地域定着支援事業」と名称及び事業内容があらためられた．

2011（平成 23）年度からは「精神障害者アウトリーチ推進事業」が試行的に実施されている．同事業は，未治療や治療中断している精神障害者等に，保健師，看護師，精神保健福祉士，作業療法士等の多職種から構成されるアウトリーチチームが，一定期間，アウトリーチ（訪問）支援を行うものである．

2013（平成 25）年から，2014（平成 26）年にかけて，厚生労働省は，長期入院精神障害者の地域移行に向けた具体的方策に係る検討会（「精神障害者に対する医療の提供を確保するための指針等に関する検討会」から改称）を開催し，2014（平成 26）年には「長期入院精神障害者の地域移行に向けた具体的方策の今後の方向性」がとりまとめられている.

さらに, 2017年度から「精神障害にも対応した地域包括ケアシステムの構築支援事業」等が展開され, 精神障害者の地域生活支援について取り組まれている状況にある (厚生労働省, 2017).

このような枠組みが設けられることは, 地域移行が促されていくことにつながり, わが国の大きな転換期にあることをうかがうことができる.

わが国の精神医療保健福祉施策は, 「入院医療中心から地域生活中心へ」という基本理念の推進, 精神疾患にかかった場合でも「質の高い医療」と「症状・病状に応じた, 適切な医療・福祉サービスを受け, 地域で安心して自立した生活を継続できる社会」, 「精神保健医療福祉の改革を更に加速」ということを目指して次の重点目標が掲げられている. すなわち「地域医療の拡充」, 入院医療の急性期への重点化など医療体制の再編・拡充を目指す「精神保健医療体系の再構築」, 薬物療法, 心理社会的療法など, 個々のクライエントに提供される医療の質の向上を目指す「精神医療の質の向上」, さらに「精神保健医療体系の再構築」と「精神医療の質の向上」である. また, 地域生活を支える障害福祉サービス, ケアマネジメント, 救急・在宅医療等の充実, 住まいの場の確保を目指す「地域生活支援体制の強化」, クライエントが早期に支援を受けられ, 精神障害者が地域の住民として暮らしていけるような, 精神障害に関する正しい理解の推進を目指す「普及啓発の重点実施」を掲げ, これらの重点目標の達成によって「地域を拠点とする共生社会の実現」の構築を目指すものである.

2014 (平成26) 年3月「長期入院精神障害者の地域移行に向けた具体的方策に係る検討会 (「精神障害者に対する医療の提供を確保するための指針等に関する検討会」から改称)」が設けられ, 以後, 4

回の検討会と5回の作業チームの開催，議論によって「長期入院精神障害者（1年以上精神疾患により入院している精神障害者をいう．以下同じ．）の地域移行に向けた具体的方策について「長期入院精神障害者の地域移行に向けた具体的方策の今後の方向性（長期入院精神障害者の地域移行に向けた具体的方策に係る検討会取りまとめ）」が取りまとめられた．そこでは，わが国の精神保健医療福祉の状況について，1年以上の長期入院精神障害者は約20万人（入院中の精神障害者全体の約3分の2）であり，そのうち毎年約5万人が退院しているが，新たに毎年約5万人の精神障害者が1年以上の長期入院に移行していること，また長期入院精神障害者は減少傾向にあるが，65歳以上の長期入院精神障害者は増加傾向となっていること．さらに，死亡による退院が増加傾向となっている（年間1万人超の長期入院精神障害者が死亡により退院）こと，が指摘されている．

なかでも，外来患者，いわば地域で生活する患者が増加している．このことから，外来患者を支えるにはどのような支援が展開されているのだろうか．外来患者を支える手立てには，外来受診のほか精神科デイ・ケアなどがある．ここでは，在宅で生活する外来患者の支援として展開されている精神科訪問看護に注目した．

精神保健福祉士や看護師等の専門職種が，患者宅を訪問して支援する精神科訪問看護については，厚生労働省が発表している「平成29年医療施設（静態・動態）調査・病院報告の概況」によると，医療機関が実施している在宅サービスのうち「精神科在宅患者訪問看護・指導」は，実施件数が24,699件で，実施1施設当たり実施件数は，54となっている．この実施1施設当たりの実施件数については，「在宅患者訪問診療」が52,8件，「在宅患者訪問看護・指導」が21件である．これらを比較すると「精神科在宅患者訪問看護・指導」の件数は「在宅患者訪問診療」や「在宅患者訪問看護・指導」と比べて多いという状況にある（表6－1）．

このことから，こんにち地域で生活する精神障害者への支援の方法として，訪問型の支援が重要な位置にあることが見えてくる．

表6－1．在宅医療サービスの実施状況（複数回答）

平成29（2017）年9月中

	施設数	総数に対する割合（%）	実施件数	実施1施設当たり実施件数
病院				
総数	8,412	100.0	…	…
医療保険等による在宅サービスを実施している	5,328	63.3	…	…
01 往診	1,661	19.7	16,990	10.2
05 在宅患者訪問看護・指導	753	9.0	23,456	31.2
06 精神科在宅患者訪問看護・指導	838	10.0	113,899	135.9
介護保険による在宅サービスを実施している	2,630	31.3	…	…
11 訪問看護（介護予防サービスを含む）	827	9.8	96,971	117.3
一般診療所				
総数	101,471	100.0	…	…
医療保険等による在宅サービスを実施している	36,250	35.7	…	…
01 往診	20,851	20.5	191,319	9.2
05 在宅患者訪問看護・指導	2,589	2.8	60,758	21.0
06 精神科在宅患者訪問看護・指導	457	0.5	24,699	54.0
介護保険による在宅サービスを実施している	10,576	10.4	…	…
11 訪問看護（介護予防サービスを含む）	1,597	1.6	32,367	20.3

出典：厚生労働省（2018）から筆者引用改変．黒囲みは筆者による．

第6章

Ⅱ 支援の現状から見えてくる課題

近年の精神保健福祉施策では，長期入院の状態の解消に向けた取り組みのなかで，退院促進から地域移行ということばが用いられている．

退院促進や地域移行支援としてことばがかわっていったとしても，その本質として向きあわなければならないのは，同じ市民としての精神障害者と共生していくための方策を考えていくことであろう．そして，そのためには，精神障害者の地域での日常生活を，どのようにして支えていくことができるのかという方法である．このことについては次の点から検討した．

第一に，退院促進や地域移行ということばについての議論やコンセンサスが必要ではないかと強く感じているためである．わが国の精神保健医療福祉施策において，社会的入院という問題の解消が喫緊の課題である．本来，どのような社会的状況があっても，クライエントの社会的復権・権利擁護やそのための実践活動を行っていくことは，中山間地域に居住する精神障害者のための支援の検討ということだけでなく，中山間地域におこりうるであろう福祉的生活課題の解決の糸口もつかめるのではないだろうか．

第二に，外来患者は，社会資源が豊富で，かかりつけの精神科医療機関に距離的にも近い，便利な市街地やその近郊にばかり居住しているのであろうか．精神科の入院患者の退院先が家庭等である場合には，便利な市街地ばかりではなく，場合によっては，中山間地域や離島といったへき地の家庭に退院していく場合もありうるであろう．仮にそうだとすると，中山間地域をはじめとした生活の環境に応じた専門職による支援が必要となってくる．しかしながら，現状では，中山間地域に居住する精神障害者の支援にかんする検討はあまりなされていない．住み慣れた地域で生活をおくるということを実現していくには，住み慣れた地域での暮らしの必要性をとなえるばかりでなく，同時に，住む場所の環境に応じた支援策を講じてこそ，実現できるのではないだろうか．その観点から，現状をみた場合に，中山間地域に居住する精神障害者の支援の実践について明らかにしていくことは，精神障害者の支援だけでなく，ひろく中山間地域における福祉課題をかかえた住民への支援を考えていくための手がかりを得ることができるのではないだろうかと考えた．家族・親族のネットワークが貨幣的価値以上の価値を持つことを明快に明らかにした徳野は，その説明のなかで，一般的に言われている，抽象的な「家庭と地域が協力して」ではなく，具体的に「あなた自身の家族や親族と，あなたの住む地域社会と故郷を見直して行動する作業をはじめるべき」であると指摘している（徳野，2011：139）．これを，本章の文脈にそわせることを許されたとするならば，今こそ，精神障害者の地域生活の支援という局面に関心をむけるということを通して，抽象的な「福祉と地域が協力」ということでとらえるだけではなく，より歩を進めて，具体的に「わたしの住む地域社会を見直して行動する作業をはじめるべき」であろう．

Ⅲ 地域の例から，農山村におけるメンタルヘルス支援の必要性を考える

さて，社会資源を提供できる事業所数が少ないから，地域で生活する精神障害者への専門職による支援は困難なのか，というと，そうであるとは言い切れない．精神障害をはじめ，さまざまな生活課題をかかえながら生活する市民は，都市部にだけではなく，過疎や農山村，中山間地域にもいるはずである．生活課題をかかえながら生活している市民の支援に，福祉・保健の実践家たちは最前線で奮闘している．これまでは，社会資源が少ないというところにとどまることの多かった農山村中山間地域における議論を発展的に，積極的姿勢で転回させていく必要がある．

この点について，過疎農山村社会における社会福祉課題を生活構造の実態との関連で把握する必要性を提示した高野（1999：237）は「依然の生活構造に立ち戻ることが事実上不可能であるならば，新たな生活構造をいかに形成し，また維持可能な状態に置くことがで

きるのかが問われ」ていると指摘している．この高野の指摘は，中山間地域に対する視点を転回するためには非常に大きな指摘であると考えた．つまり，これから触れていくように，これまでは精神科病院から退院するということそのものが，なかば目標でもあった精神障害者への支援が，これからは農山村にとって，ひとつの大きな役割を果たす可能性があり，そして，中山間地域に居住する精神障害者の日常生活の営みを支えるための訪問型支援が，これからの時代の農山村・中山間地域に意義をもたらすのか，ということを考える必要があろう．

Ⅳ　農山村・中山間地域に居住するメンタルヘルスの課題をかかえた住民の生活課題とその支援がもつ可能性

さて，農山村・中山間地域における精神障害者の支援に，どのような可能性があるのだろうか．精神障害者が精神科病院を退院して，そして中山間地域で生活を再構築するということを考えてみる．そうすると，精神障害者が農山村・中山間地域で生活を営むことに，農山村を消滅させない可能性が秘められていることがみえてきた[1)]．

従来は，精神障害者が地域で生活しようとする場合には，すでに住んでいる地域住民と退院する精神障害者やその入院先である精神科病院また福祉事業所等とのあいだで，施設の設立に関する反対運動などの「施設コンフリクト」という状況が課題としてあげられてきている（中村，1992：60－70）．

しかし，地域の住民そのものの人数が減り，空き家が目立ちはじめ，生活を送るうえで不安が生じ，そして数少ない住民も高齢であるといった地域においては，精神科病院から退院する精神障害者の共同の住居の設立を行おうとする場合には，むしろ「若い人が大勢で住んでくれるから歓迎する」という現象がおこっている．たとえば，精神科病院や福祉事業所の担当者は，事前の段階では施設コンフリクトが生じることをかなり懸念したものの，それが起こらなかったという例もある．

また，すでに，「農業」をひとつの柱にした精神障害に対応している障害福祉サービス事業所[2)]がある．農業を中心にひろく作業が展開できているのは，単に，事業所が所有する田畑があってそれを利用者の事業として農業を展開している，ということにとどまらないのではないだろうか．つまり，たとえば，地域で農業をしていたご高齢の方から「わが家の田んぼもあれてしまうくらいならばお願いしたい」ということでその地域の田畑で作付けをうけおうということもある．つまり，これまでは，一般的には，偏見があると議論されてきた「精神の障害」に対して，住民自身が，歳を重ねて高齢になる，という人間としてあらがうことのできない事実を受け入れ，そして，高齢者自分が手塩にかけてまもり続けてきた「田畑」を荒らすことのないように，その担い手としての「精神の障害」の事業所へ託す，というあらたな関係がうまれている．

さて，これまで，中山間地域をはじめとした農山村については，いくつかの位置づけのなかで議論されてきた．小田切（2018：3）によると，①農村たたみ論，②外来型発展論，③（一般型）内発的発展論，④新しい内発的発展論，と整理される．小田切によるそれぞれの議論の要点を確認しておきたい．まず，①農村たたみ論とは，「あたかも，日本の国土を端からたたむことを推進するものである」ことから，農村たたみ論と整理されている（2018：4）．次に，②外来型発展論とは，「農山漁村からみれば，それは地域内からの発展ではな

第6章

く，また地域の主要産業である農林水産業の成長によるものではなく，あくまでも外部の経済的活性化に依存し，期待するという立場におかれる」ものであり，「〈非農林業の発展に誘発される発展〉，そして〈地域外の拠点に依存する発展〉という，二重に外来型開発」という状況から整理されている（2018：8）．また，③（一般型）内発的発展論は，内発的発展を志向するものの，外部アクターとの連携を強調しない，という特徴を持つ（2018：3）．そして，④新しい内発的発展論では，外部アクターとの交流を内発性のエネルギーを認識する交流型内発的発展論，と整理される（2018：15）．

このうち，ここでは，④新しい内発的発展論にもとづいて，精神障害者が農村で生活することの意味と，農村に居住する精神障害者の日常生活の営みを支えるための手だてとしての専門職による訪問型支援の意義，という点について考えていきたい．

まず，精神障害者が農村で生活する意味について，である．昨今，農業が障害者の就労の一つとして注目されてきている．たとえば，濱田は，障害者が農業に携わることについて「農に新しい付加価値を生み出す可能性があり，単に農産物を生産するだけではない新しい産業を創出する可能性がある」と指摘している（2016：13）．このように，障害者の福祉と農業との連携が試みられており，これらは「農福連携」として全国でその取り組みが展開されている（近藤，2013）．何らかの障害や生活課題をかかえた利用者が，福祉的な活動として，農業に従事する，というのではなく，むしろ，精神障害者が精神科病院を退院し，農山村をはじめとした中山間地域で，農業を軸として日常の生活を再構築していくという営みは，実は，農山村をはじめとした中山間地域の将来をになう可能性があると筆者は考えている．小田切における「新しい内発的発展論」について，無礼を承知で考えるならば，精神障害者が中山間地域での生活と農業を担うことになれば，「福祉による内発的発展論」とでもいうことができうるのではないかと考える．

農村に居住する精神障害者の日常生活の営みを支えるための手だてとしての専門職による訪問型支援の意義には，次のようなことが考えられる．つまり，精神科病院から農山村へ退院する精神障害者には，農山村の農業を担い，地域の文化を担うという可能性があると考えられる．ただし，それには，精神障害者が，農山村で日常生活を営むための支援という手立てが必要である．新たな「住民」と「福祉」の協働が形になって展開されている．そして，その新しい局面を支える手立てのひとつとして，本章で取り上げた「精神科訪問看護」に代表されるような福祉や医療の専門家による「訪問型の支援」が重要な役割を果たしていくし，大きな可能性を持っていると考えられるのである．小田切は，相当に丁寧な地域づくり支援が必要であることを指摘している（小田切，2016：225）．訪問型支援の整備もこの地域づくりのひとつに入るのだと筆者は位置づけている．

今後は，さらに筆者が構想する「農村ソーシャルワーク（髙木，2018：140）」を発展させていかなければならないと考えている．なぜならば，農山村が「見えているけども見ていない（髙木，2018：141）」こととして位置づいてはならないと考えるからである．

註

1) 小田切徳美氏の著書『農山村は消滅しない』（2014：第6刷，岩波新書）の題名からヒントを得た．

2) 山口県宇部市にある社会福祉法人千花千彩（理事長，赤瀬洋介氏）．同法人の緑豊舎（就労継続支援B型）では，精神障害に対応する障害福祉サービス事業所として農業を中心に展開している．社会福祉法人千花千彩，緑豊舎，ウェブサイト（2019年10月3日取得，https://www.senkasensai.com/緑豊舎-就労継続支援b型/）．

文献

濱田健司（2016）『農の福祉力で地域が輝く～農福＋α連携の新展開～』創森社.

近藤龍良編著（2013）『農福連携による障がい者就農』創森社.

厚生労働省（2017）「訪問看護療養費実態調査」厚生労働省，ホームページ，（2019年9月29日取得，https://www.mhlw.go.jp/toukei/list/houmonkango_ryouyouhi.html）.

厚生労働省（2017）「これからの精神保健医療福祉のあり方に関する検討会報告書（概要）」厚生労働省，ホームページ，（2019年7月15日取得，https://www.mhlw.go.jp/file/05-Shingikai-12201000-Shakaiengokyokushougaihokenfukushibu-Kikakuka/0000152027.pdf）.

厚生労働省（2018）「訪問看護療養費実態調査」e-Stat（政府統計の総合窓口），ホームページ，（2019年6月15日取得，https://www.e-stat.go.jp/stat-search/files?page=1&layout=datalist&toukei=00450385&tstat=000001052926&cycle=0&tclass1=000001112358）.

厚生労働省（2018）「最近の精神保健医療福祉施策の動向について」厚生労働省，ホームページ，（2019年6月15日取得，https://www.mhlw.go.jp/content/12200000/000462293.pdf）.

厚生労働省（2018）「平成29年（2017）医療施設（静態・動態）調査・病院報告の概況」厚生労働省，ホームページ，（2019年7月1日取得，https://www.mhlw.go.jp/toukei/saikin/hw/iryosd/17/dl/02sisetu29-3.pdf）.

厚生労働省（2019）「精神障害にも対応した地域包括ケアシステム構築のための手引き」について」厚生労働省，ホームページ，（2019年7月20日取得，https://www.mhlw.go.jp/content/12601000/000520869.pdf）.

中村佐織（1992）「ソーシャルワークの視点から見た障害者施設の開放化戦略と地域住民の参加―施設側の要因―」，大島巌編著『新しいコミュニティづくりと精神障害者施設―「施設摩擦」への挑戦―』星和書店，60－70.

農林水産省（2018）「中山間地域等直接支払制度，第4期対策（平成27年度～平成31年度）」パンフレット，農林水産省ホームページ，（2019年9月29日取得，http://www.maff.go.jp/j/nousin/tyusan/siharai_seido/s_about/pdf/h30_panf.pdf）.

小田切徳美（2014）『農山村は消滅しない』第6刷，岩波新書.

小田切徳美（2018）「第1章，農村ビジョンと内発的発展論―本書の課題―」，小田切徳美・橋口卓也編著『内発的農村発展論―理論と実践―』農林統計出版，1－20.

髙木健志 (2018)「中山間農山村地域における福祉的課題とソーシャルワークとの関連に関する考察：「農村ソーシャルワーク」という可能性」『山口県立大学社会福祉学部紀要』24, 135 - 143.

高野和良 (1999)「過疎農山村社会における高齢者福祉―生活圏の拡大と社会福祉サービス―」, 日本村落研究学会編『高齢化時代を拓く農村福祉』農文協, 219 - 43.

徳野貞雄 (2011)『農村の幸せ, 都会の幸せ, 家族・食・暮らし』第8刷, NHK出版.

熊本県山鹿市a (2019)「山鹿市統計資料平成30年度版」, 山鹿市ホームページ (2019年9月27日取得, https://www.city.yamaga.kumamoto.jp/www/contents/1545007312822/simple/30zentai.pdf).

熊本県山鹿市b (2019)「平成30年度中山間地域等直接支払交付金事業の実施状況について」, 山鹿市農業振興課ホームページ, (2019年9月28日取得, https://www.city.yamaga.kumamoto.jp/www/contents/1462952917824/index.html).

第 7 章

現代農山村における
福祉的生活課題に目を向ける

I　人口が減少していく，ということについて—地方都市の人口推移から考える—

現代においては，人口減少，少子高齢化などが社会の課題として語られている．人口減少問題については，「地方消滅」といった言葉や，「極点社会」がセンセーショナルに論じられるなどしている（増田，2014；NHK，2014）．他方で，「重度な要介護状態となっても住み慣れた地域で自分らしい暮らしを人生の最後まで続けることができるよう，住まい・医療・介護・予防・生活支援が一体的に提供される地域包括ケアシステムの構築を実現」が今日の地域におけるケアとして重視されている（厚生労働省，2005）．しかしながら，農山村の生活という視点をどれほど社会は持っているかは明らかではない．

そこで，本章は，農山村の状況を概観した上で，先行研究と照らしながら，農山村の生活とその福祉的課題について検討していくことを目的とした．

冒頭に触れたように，今日において，地方では，人口の減少が課題として語られている．そこで，ここでは具体的な地方農山村を取り上げながら，状況を概観していくこととしたい．

地方の農山村中山間地域の例として，熊本県山鹿市を取り上げて考えたい．なお，データについては以下いずれも「山鹿市統計資料平成28年度版」を参照していく．

熊本県の県北部に位置する山鹿市は，総面積29,969haで，このうち，田畑や山林等がおよそ6割（18,779ha）を占めている．人口は，53,404人で，21,692世帯である．15歳以上就業者数については，総数が25,569人で，第一次産業（農業・林業，漁業）は4,219人（約16％），第二次産業（鉱業・採石業・砂利採取業，建設業，製造業）

は6,628人（約26%），第3次産業（小売，サービス，医療・福祉等）は14,621人（約57%）である．15歳以上就業者数でみていくと，農業に就業しているのは4,157人で，平均年齢は64,3歳である．60歳以上が，3,005人で実に約72%は60歳以上の農業就業者ということになる．

特に，人口の推移等からは，総人口数は，年々減少傾向にある．他方で，人口動態からは，「転入」が微増していることがうかがい知れる．平成28年については，県内からの転入者が前年度を上回っていることがわかる．地方の農山村では，ひろくには人口減少が捉えられているのだが，確かに人口全体は高齢化し，さらに減少しているものの，転入者が微増しているなど，地方は単に人口が減少しているというだけでなく，より精緻な分析によって，地方の農山村を捉えていく視点が必要であるといえる．これについては機会をあらためて報告したい．

Ⅱ　わが国における農村社会学の萌芽期研究

農山村研究は，これまでどのような位置づけにあったのであろうか．いくつかの農村社会学に関連する先行研究をもとに考えていきたい．

まずは，わが国の農村社会学の歴史については，蓮見による論考が参考となる．蓮見は，「明治30年から40年代にかけて」そのはじめを見ることができるとしている（蓮見，1967：51）．わが国における農村への学問的なまなざしは，歴史あるものだといえるのではないだろうか．

原は，その著書『農村社会学』の冒頭で，当時のわが国の農村問題を「農村問題は邦家の最大問題にして今や実に経済問題の域を脱して一大社会問題と成れり」と表し，すでに国家の都市化への変遷とその準備の不足についての警鐘を鳴らしていた（原，1928：1）．しかしながら，当時はわが国が都市化を指向していくなかにあったために，農山村は大きな注目を集めていたということではなかったとも考えられる．そのため，原は著書の冒頭にセンセーショナルな言葉を用いたのではないだろうか．

井森は，当時都市化への視線が多くあった時代のなかで農村の実態について訴えるとともに，その農村研究の重要性について「事の真相実態を調査し，それを制約左右せる因子条件を発見」することに意義を見出していた（1943：327）．井森は，当時の農村の貧困についても，特に井森自身の居住地であった鳥取県内の状況を分析しながら，農山村における貧困と公衆衛生との関連を明らかにしようとしていた．これは，たとえば現代における地方における貧困問題とも通じるものであると考えられる．現代においても，農山村における生活課題とその支援という視点，つまり「現実そのものについて離れない態度（細谷，1999：27）」を忘れてはならない．

福武は，都市と農村との社会問題について，「「究極的には，都市や農村の」内部のみで解決されるものではない（福武，1947：150）」として，都市と農村を区別するのではなく，都市と農村との相互関連を通して一体とみながら社会問題を解決していくことを提示している（福武，1947：150）．

本城（1925）は，戦前にありつつもじわじわと迫りくる都市化と経済優先の時代到来を強く感じていたのか，農村と農業の重要性とともにその一方での農村の貧困問題を取り上げながら「農村は今や死滅に瀕して居る（1925：307）」とその農村における危機をあらわしていた．

蓮見は，農村における共同体ということについて，欧米のそれと比較することで日本の農村における共同体について明らかにしている(1959：30－31).

これまでの農山村に関する研究から，農山村は，経済状況と社会変化に住民たちの暮らしが左右されてきた歴史を知ることができる.

Ⅲ　近年の農山村研究の動向

ここでは，現代の農山村に関する研究動向を追うことで，その傾向を確認していきたい.

蓮見は，2000年の農村集落調査の結果から，「農村集落の脱農業化現象(2003：6)」を指摘している．つまり，現代において農山村というものの，その実は，次第に脱農業化が進んでおり，農村の都市化ということを示唆している.

その一方で，いまだ実は「離島や過疎地域といった生活条件が不利な地域における生活継続要件については，十分に検討されてきたわけではない」ことを高野は指摘している(2016：140)．農山村をはじめとした過疎地域など都市部と比べた場合に，生活の条件が厳しいとされているが，それはイメージで農山村の暮らしが語られてきたことが要因になっている可能性があるのではないだろうか.

それはつまり，「数字の外見上は見ていても，中身や生活の変質を見ていない従来型の経済至上主義的な言説が横行している」という徳野(2015：6)の指摘は，農山村を考えていくうえでは，もっとも肝に銘じ，そして，重視しなければならない視点である.

山本ら(2018)は，大分県中津江村の調査(1996年調査・2016年調査)のデータを用いて，過疎地域の住民の意識を分析している.

このなかで，人口還流という現象を取り上げながら，過疎地域の可能性について展開されている．ここでは，Uターンする理由では「外からの要因」，つまり「親のことが気にかかる」という動機が最も大きいという結果であった（2018：145）．第Ⅰ章で，地方農山村として山鹿市を取り上げているが，「転入者」の美装という状況を，より詳細に分析していくことで，山本らが指摘する「人口還流の家族的理由の研究」とつながっていくと考えている．

小田切は，農山村集落が現に存続している状況から，その存続理由を「なによりも，集落に居住する人々の「そこに住み続ける強い意思」によって支えられて」いることを指摘している（2014：217）．農山村で住み続けたいという（強い）意思をもった住民たちを支え続けていく手だてを講じていくことが必要となるし，それは全国統一されたものでなく，その地域の特性に応じた手だてとして作りだされていく必要がある．林（2010）は限界集落などの集落との比較検討から，「種火集落」を提言している．「不利を承知で，現在の場所にとどまってもらい，山あいの文化（や二次的自然）を守ってもらう（育ててもらう）（林，2010：120）」というものである．人口減少という現象について，限界だの消滅だのといったいわば硬直化しているともいえる議論が多くをしめる現状において，この提案は風穴をあけることができるのではないだろうか．

鶴は，これまであまり注目されてこなかった農家女性を取り上げ，11の事例を通じて「男性たちの面子（めんつ）を立てつつ」従来の規範を無化し，あらたな価値と規範の適用に成功していたことを明らかにした（2003：59）．農業に従事する女性たちが，従来の規範をさまざまにかえていきながら，暮らしを作り上げていくプロセスからは，これからの農山村の地域作りには，従来のイメージを作りかえていくという視点を得ることができる．

農山村における農業と暮らしとの観点から，農山村の状況を概観してきた．さらに，農山村に暮らす高齢者の継続的な調査によって高齢者の暮らしと地域の移ろい，これからの予測が見立てられている．つまり，農山村に暮らす人口そのものは減じているものの，人口還流などの現象によって，集落が持つ節目節目の催しや集落の維持管理のための最低限度の作業は行われている．

Ⅳ 現代農山村における社会福祉的観点からの研究動向

ここまで見てきたように，「住み慣れた場所での生活保障」は国としてすすめられている．その一方で，住み慣れた場所としての具体例として，農山村を念頭においてここから考えていきたい．人口減少が叫ばれる中で，現代農山村については，社会において暮らしが営まれ続けていること，人口還流というあらたな流れから，農山村は維持され続けていること，つまり「農山村は消滅しない（小田切，2014）」ことが明らかにされている．先述の山鹿市の人口データからも，転入者が増えていることから，人口還流という観点からとらえなおすことが必要となる．

では，社会福祉的観点から，農山村はどのようにとらえられているのであろうか．

「明日の福祉」シリーズでは「都市と農村の福祉」というテーマがある．同書の中では，農村の変動では，経済が農山村に与える影響について〈脱工業化〉という概念がたびたび用いられながら論じられている．さらに，農山村の住民の高齢化と，農業後継者の配偶者不足問題とが要因となって「やがて農業解体へと結び付いていくこととなる」と予測されていた（橋本，1988：44）．

第7章

同書の第４部が「農村の福祉」となっている．このなかでは，都市部に住んでいた高齢者（都市高齢者）が，やがて農山村へ移り住むことが「巨大都市から農山村に向けての大量移住が発生するだろう」と予測されていた（安達，1988：96）．しかし，奇しくもこの予測は，第３次ベビーブームが起こらなかったように，都市から農山村への「大量移住」も，現在のところ，起こってはいない．今一度現状に即した農山村の福祉的施策を考えていくためには，農山村で暮らす住民の生活の実態が捉えられる必要があるし，実態から進めていくことが重要となる．このことから考えられるのは，「実際に農山村で生活している住民の生活実態」をせいかくにとらえ，そのうえで「農山村における福祉的課題」を今一度，せいかくにとらえなおすことである．

では，今日の農山村の住民の生活実態に関連した研究を概観したい．論文の検索にあたっては，国立情報学研究所の学術情報ナビゲーター「CiNii」を用いた．

“農山村”をキーワードにすると2,448件，“農山村”＋“福祉”だと78件，“農山村”＋“ソーシャルワーク”だと１件の結果であった．同じく“中山間地域”をキーワードとすると4,233件，“中山間地域”＋“福祉”で検索すると177件，“中山間地域”＋“ソーシャルワーク”だと１件の結果であった（2018年11月27日検索）．本章では，農山村に注目していくこととする．なお，中山間地域をキーワードとした先行研究については，拙稿（高木，2016）にて先行研究をレビューしている．

さて，“農山村”＋“福祉”による78件の先行研究をさらに見ていくこととした．ひとまずの傾向として，2017年以降，農山村の福祉に関する研究は，地理学に関する研究を除すると，数える程度しかヒットしなかった（林；高木）．この傾向は，やはり，農山村に関することがらは「見えているけども見ていない」（高木，2018：141）

こととして認識されているからなのであろうか．あらためて議論と検討を重ねていくことを要すると考えられる．

林 (2018) は，農山村における介護事業，なかでも「訪問介護利用者負担軽減制度」の利用実態についての調査を行っている．この調査で，とくに，筆者が注目したのは，訪問介護事業所から利用者宅までの移動時間が平均 17.8 分と先行研究と比較して実は短かったということ，また，訪問介護事業の内容が生活援助が 9 人中 2 人の利用であったという，いわば農山村の高齢者の生活実状が浮かびあがっていることである．

また，農村ソーシャルワークという構想を取り上げた高木 (2018) は，農山村に暮らす人びとの暮らしに焦点をあてたソーシャルワーク実践についての研究の土台的な観点の必要性を提示している (2018：144)．しかし，この論文では，具体的な展開までの説明には至っておらず今後いくつかの重要な検討課題を含ませている．

このように，これまでも，中山間地域や農山村における生活課題，特に支援を要する福祉的生活課題においては，ハード面からの課題として，社会資源と考えられつつも，制度と実際との乖離などの課題がある．さらに，人口還流という現象について，いわゆる U ターンしてくる出身者が増えることによるあらたな生活課題や福祉的課題が農山村に生じてくる可能性はある．農山村に暮らす人口そのものは減じているものの，人口還流などの現象によって，集落が持つ節目節目の催しや最低限度の集落の維持管理のための作業は行われている．しかし，福祉的課題に関連した研究では，高齢者に注目した研究が多く，生活実態にそった研究状況とはいい切れないことも明らかになった．これは，今後の課題である．

住み慣れた場所で，生活を続けることのできるような社会づくりのために考えていくことは，どのような場所であれ，どう暮らしていくのか，ということと関連してくる．

わたしたちの暮らしが守られる社会を目指し，そしていつまでも美しいふるさとが，人々の安寧な暮らしとともにありつづけるように，継続的に筆者は考えていく．

引用・参考資料

安達生恒（1988）「第4部　農山村の福祉問題」『明日の福祉⑦　都市と農村の福祉』，中央法規出版．

原　澄次（1928）『農村社会学　全』丸山舎書店．

橋本和孝（1988）「第1部　地域社会と社会福祉」『明日の福祉⑦　都市と農村の福祉』，中央法規出版．

蓮見音彦（1967）「日本農村社会学少史―農村社会学の先駆的研究―」『東京学芸大紀要』19，46－53．

蓮見音彦（2003）「農業集落調査と農業集落の変遷」『村落社会研究』9（2），1－7．

林　直樹（2010）「第5章　積極的な撤退のラフスケッチ－生活編」『撤退の農村計画』，120－121，学芸出版．

林　宏二（2018）「農山村・中山間地域における訪問介護の提供構造　超高齢山村のA県B村における訪問介護の展開状況」『秋田看護福祉大学総合研究所研究所報』13，47－55．

細谷　昂（1998）『現代と農村社会学』東北大学出版．

井森陸平（1943）『農村の社会と生活』時代社．

厚生労働省（2005）「地域包括ケアシステム」，（https://www.mhlw.go.jp/stf/seisakunitsuite/bunya/hukushi_kaigo/kaigo_koureisha/chiiki-houkatsu/，2018年11月28日取得）．

増田寛也（2014）「「極点社会」の到来」『少子化危機突破タスクフォース（第2期）』（http://www8.cao.go.jp/shoushi/shoushika/meeting/taskforce_2nd/k_3/pdf/s5-1.pdf，2018年11月28日取得）．

NHK（2014）「極点社会～新たな人口減少クライシス～」『クローズアップ現代＋ №3493』，2014年5月1日放映．

髙木健志（2016）「中山間地域等における精神保健福祉士の訪問型支援の重要性に関する一考察：文献研究から考える課題」『山口県立大学社会福祉学部紀要』22，119－124．

髙木健志（2018）「中山間農山村地域における福祉的課題とソーシャルワークとの関連に関する考察：「農村ソーシャルワーク」という可能性」『山口県立大学社

会福祉学部紀要』24, 135 - 143.

高野和良(2016)「過疎地域における生活維持のための社会的支援—山口県内の「見守り活動」の実態から—」『社会分析』43, 139 - 147.

徳野貞雄「人口減少時代の地域社会モデルの構築を目指して」徳野貞雄監修　牧野厚史・松本貴文編『暮らしの視点からの地方再生—地域と生活の社会学』九州大学出版, 1 - 36.

山鹿市(2017)『山鹿市統計資料　平成28年度版』,(http://www.city.yamaga.kumamoto.jp/www/contents/1264053611077/files/28.pdf, 2018年11月28日取得).

山本　努・ミセルカ,アントニア(2018)「過疎農山村における人口還流と地域意識—大分県中津江村1996年調査と2016年調査の比較—」『社会分析』45, 135 - 148.

図司直也(2018)「農山村地域に向かう若者移住の広がりと持続性に関する一考察:地域サポート人材導入策に求められる視点」『現代福祉研究』13, 127 - 145.

第7章

第 8 章

「農村ソーシャルワーク」という構想

I　農村における生活，暮らしとは

本章では，中山間過疎地域等，いわゆる農山村に暮らす人びとの生活・暮らしへの関心をひらいていきたい．中山間地域，特に農山村の現状については，ひろく人口減少問題の観点から議論されている．極端にいえば，「限界集落論」や「極点集中論」，「消滅集落論」などがある．他方で，人口減少問題を問題として取り上げるのではなく，むしろ，その時代に沿った社会や地域のあり方を住民とともに考え，提案することで，人口減少問題に取り組む研究（徳野，2010：松本，2015）や，農山村が消滅せずに存在し続けている現状について「むら再評価論」（木下，1998：1）という観点から見直そうとする考えがある．

今日，中山間地域，特に農山村は，その状況を深刻視され，制度政策の観点から具体的な手立てが講じられてはいる．しかしまだまだ改善されるべき点がある．中山間地域，農山村におけるつよみとしては，住民同士のつながり，つまり「村落共同体（鈴木，1968：3）」の状況といったが挙げられてきたが，現代でもしばしば農山村におけるつよみについての議論は住民同士のつながりに頼らざるを得ないということに帰結する場合が多い．結局，そこに住む住民に農山村の存続のために重要なことがゆだねられてしまっていることが多いのが現状のひとつである．

しかし，それで，いいのだろうか．生活，暮らしの実態に関心の目を向ける必要があるのではないだろうか．

農山村における主産業としては，農業や林業がある．ここでは，農業を営む農家の生活リズムを通して，農村における住民の生活の構造を考えてみたい．農業のうち，専業農家と兼業農家とがあることは，社会科の学習などを通してひろく知られているところである．このうち，兼業農家には，農業を主とし，そのほかの生業を従とする第一種兼業農家と，その他の生業を主とし，農業を従とする第二種兼業農家とがある．一方で，農業情勢への意識という観点から調査を行った大内による「農家の類型化を示すことは，かなりむずかしい」(大内，1992：171) という指摘がある．農家の類型化については，経済的な区分によっては可能とされるが，農家の意識という観点からの類型化は困難のようなのである．

では，農業を営む人びとがどのような生活を送っているのであろうか．これは，専業で農業を営むＡさんの初夏のある日の一日である．この一日から，農山村に暮らす住民の生活を，ほんの一面であるがみていくこととしたい．

5：00　起床　身支度をととのえて，田畑の見回りへ出る．
7：20　帰宅　このときに朝食を摂る
8：00　田畑へ出る　いわゆる農作業を行う
12：00　ムラに設置されたスピーカーから響くサイレンを合図に昼食のために帰宅
13：00　ムラの役割のために近くの公民館へ行く
16：00　帰宅後，再び田畑へ向かい農作業を行う
18：00　帰宅し，そのまま納屋で野菜の出荷のための包装などを行う
20：00　夕食を摂ると，再び納屋で包装作業の続きを行う
22：00　一日の作業を終える

このように，農業という仕事は，考えるほど時間に融通がきかない．また，季節に応じて，働く時間帯も変化し，春や秋は，気温や天候が過ごしやすい分，農作物を育てるためには，様々な仕事をこなしていかなければならない．夏は，気温が高くない早朝や日中の気

温が下がりはじめる夕方から，田畑に出て，作物の世話をしている．気温が高くなる日中は，農機具の調整などを行うこととなる．気温が低い冬は，夏と比べると，日中も田畑で過ごすことは可能である．しかし，夏とは対照的に，遅く日が昇り，早く日が沈むため，明るい時間には限りがあるなかで田畑の仕事をこなさなければならない．

Aさんの一日にあるように，農山村では，ムラの役割がこれに加わってくることとなる．年代に応じて，その役割や所属する団体がある．例えば，小組合といった組織や若者であれば青年団，また女性であれば婦人会，これに加えて，消防団や体育部会，このほか行政機関から要請されるさまざまな委員会への参加・出席などそのムラやマチによって大なり小なり実に様々な組織が編成されている場合がある．地域におけるつながりが強いと考えられる反面，共同体・集合として生活が構成されている側面も多いと考えられる．

では，農業の状況についてもう少し考えていくことにしたい．その一例として，熊本県山鹿市をとりあげてみよう．「山鹿市統計資料平成26年版」によると，山鹿市の全人口は54,537人，農業従事者が7,110人である（山鹿市）．空論ではあるが，市民の食料を市内で完全自給するという単純計算をすると，1人の農業従事者は山鹿市民7,7人分の食料を育てている計算になる．農業が市民の食に与える影響は大きいと考えても良いのではないだろうか．

また，農山村における日常生活の構造は，住民の生活の基盤が農業中心であった時代には，住まいと職場とが同じであった．しかし，今日，産業・経済状況の変化に伴って，現代の農山村の生活構造は，旧来の農村生活とその一方で稼ぐために町に働きに出るという，いわば都市的生活とが混在している．その結果，現代の農山村では「親族共同体や地域共同体は弱体化し，個人の生活を保障する機能は弱まっていると考えられる」（吉武，2016：129）．生活構造の複合化という農山村の生活実態とそれによって派生する福祉的課題に，社会福祉制度はきちんと対応できているのかどうかは定かではない．また，そもそも，現代農山村における生活構造と福祉的課題の実態が明らかでないことから，これまで中山間地域，農山村における福祉に関する議論は「フォーマルサービス資源が乏しい」とか「専門家の数が足りない」といった量的拡大に着目した提言に終始せざるを得なかった．しかし，ここであらためて重要になってくるのは，全体としての資源の乏しさや条件の厳しさだけに注目することだけではなく，そこに暮らす人びとの実状をまずは理解しようとすることなのではないだろうか．

Ⅱ　農山村に関する研究の関心

本項では，農山村への研究についての関心をひらいていきたい．中山間地域，また農山村に関する研究数について明らかにするために，先行研究の文献数についてCiniiを用いて検索を行った．すると次のような結果であった（検索日2017年11月7日）．まず，キーワードを「地域福祉」とすると，4,438件がヒットした．次に，「地域福祉＋農山村」として検索すると，8件がヒットした．「地域福祉＋中山間地域」というキーワードで検索を行うと，20件がヒットした．単に数値のみを取り上げて，研究動向に関して断言することはできないが，それでも，「地域福祉」に関する関心は依然として高いままであるものの，他方で，地方への関心，つまり，地方ということばがさし示す具体としての「中山間地域」や「農山村」への関心はさほど高くないと推測することも可能である．地域福祉には高い関心が寄せられているが，中山間地域，農山村には関心が薄い．換言するならば，「（地域福祉の対象として農山村を）見えてはいるが，（農山村を）

見ていない」状況が作りだされている可能性があるのではないかとも懸念されるのである．

高野は，過疎農山村について「リアルな生活構造の変化を踏まえた」研究の必要性を指摘した上で，「過疎農山村社会の現状に対応した現実的な議論が要請されて」おり，かつ「そこに居住する高齢者自身のみならず家族にとってまで，いかなる社会福祉サービスシステムが要請され，また実現可能であるのかが明らかにされなければならない」と指摘している（高野，1996：49）．この指摘から，ソーシャルワーク研究においても，過疎農山村における住民の生活の実状を明らかにすること，そして，その実状に応じたいわば農山村版の地域における包括的なケアシステムの開発のための調査研究が必要であることを理解することできる．

徳野は，農村社会学，特に農業という営みを基盤としながらその生活課題を明らかにしている．徳野によると，「人口増加型パラダイムを前提とした制度やシステムが，逆に人口が減少している現実の農山村の実態と合わず，さまざまな問題を引き起こしている」としたうえでそれを「システム過疎」と名付けている（徳野，2002：16）．つまり，農山村の現実と，制度との間には，大きなギャップが生じているという指摘である．人口増加を念頭においた制度政策を考え続けていくよりも，現実を直視しつつ，どう持続可能な社会作りを考えていくのかが問われているのだと考えることができる．では，農山村は取り残されていっていいのだろうか．山下は，農山村で「暮らし続ける人びとの主体的決定」を中核に据える重要性を提言している（山下，2016：112）．やはり，農山村であっても，その実情に応じた制度や仕組み作りを考えていかなければならないといえるのである．

このように，社会学領域においては，暮らしという観点からも，中山間地域，とくに農山村に向けられた関心は社会福祉学やソーシャルワークと比べると高いと考えられる.

Ⅲ 社会福祉学領域における農山村で暮らす人びとへの関心

本章では, 農山村における福祉的課題への研究関心をひらいていきたい. 農山村についての社会福祉研究としては, これまで,「農村社会事業」や「農村福祉」がある.

大久保は,「農村社会事業論」のなかで, 農村の基礎構造を「農業生産の構造, 農民生活の構造, 農村地域の構造」と指摘している (大久保, 1949：33). つまり, 農村における社会事業計画などを立案するには, この三点からその農山村地域の状況を見極め, そしてその結果に応じて, それぞれの農山村の実状に応じた展開が必要であることを示している. しかし, 既述のように, 現代農山村の住民の生活構造は, 農業, 林業を生計の中心とするよりも, 労働に出るといういわば都市的生活構造とが複合しているとも考えられる. そこで, 大久保の指摘をふまえつつ, 現代農山村の生活構造の姿にそった実態の解明が必要であろう.

横山は, 社会福祉協議会による組織化活動にふれながら, 農村社会と社会福祉概念について論じている (横山, 1952). なかでも, 横山は, 日本の農村社会においてはその存続には「村本位性」と「家本位性」とが存在していることで均衡を保つことができていることを指摘している (横山, 1952：59). つまり, 農村社会では, 家や村の構成員である個々人の福祉の尊重よりも, 家や村というある程度の全体性のなかでのバランスをより尊重した社会システムを選択してきたといえるのである.

また，雑誌『社会事業』では，中野による「農村社会調査法」(1955) がある．社会学者である中野が，社会福祉事業家に向けて執筆しているのであるが，農村の特徴について「「家」と「家と家との関係」」に依存しがちで，そのため逆にそれらによって強い拘束を受けもしている現状」は「公的な社会保障や民間団体によって行われる社会事業において，はなはだしく欠ける現在の社会的条件下では，決して解消しうるものではないことを，それによって痛感し解明しながら社会福祉事業における日本的障害の有力な一因にメスを入れることになる」(中野，1955：41) と農山村における社会事業実践と研究が，わが国の社会状況が抱える課題の核心に迫るものであるとしてその重要性を指摘している．

『日本の農村福祉』(1982) を著した田端は，「社会福祉政策が都市労働者中心である」(田端，1982：1) ものの，都市労働者を送り出す元にある「日本の農村の影響が直接あるいは間接に深くあるのではないか」(田端，1982：1) と着想している．「農村社会事業」を中心とした農村に関連する福祉の歴史的研究と当時の現状調査によって纏められているこの著書において，中心的に議論されていることは，特に農村における貧困，子育て，高齢者問題である．

野口は，農村社会事業の歴史的展開について研究している (野口，2017)．ここでは，農村社会事業の歴史的研究としてのこれまでの足跡について詳細に記されている．

また，社会福祉領域における農山村研究については，歴史的研究とともに，実践を志向した研究や提言も行われている．現代における農山村，近年では中山間地域ともいわれるが，中山間地域における社会福祉・ソーシャルワーク研究では，鈴木による高齢者の生活ニーズと高齢者を支援する福祉実践者に着目した研究 (鈴木，2015) がある．中山間地域に居住する高齢者と支援者とに調査を行ったこの研究では，中山間地域に居住する高齢者の医療や福祉に関するニーズをとらえている．中山間地域に居住する高齢者にとって，医療や福祉に関するニーズと支援者の支援とがマッチすることの重要性が指摘されている．

竹川は，「住み慣れた地域での交流関係を維持しつつ介護サービスも受けられる自宅以外の生活の場」を作る必要性を指摘している（竹川，2010：17）．高齢者にとって，どこに住むのか，ということが重要な課題であることが示唆されている．農山村に暮らす人びとにとって，住民同士の関係性はおおきな影響を与えていることをうかがうことができる．

小松は，地域包括ケアシステムが過疎地域で，どのように展開できるのかということを展開するなかで，新たなしかけとして「その地域とは縁のない外部の人間」が重要な役割を果たすことを提案とともに，「担い手の役割の見直し」が重要になることを提示している（2016：46）．担い手としての若年層が減っていく状況のなかで，農山村における地域包括システムのためには人口減少にあわせたあり方を模索する必要があるといいえる．

限界集落の住民を対象に調査した田村らの結果によると，「人生の最期まで「自宅で過ごしたい」「家族の協力が得られれば過ごしたい」「生活できるサービスがあれば自宅で過ごしたい」と考えている住民が半数近くを占めた」ことを指摘している（田村ら，2017：56）．

竹川と田村らに共通するのは，住民は「地域住民同士のつながり」があるからこそ，過疎農山村や限界集落といわれる場所であっても，そこに住み続けたい，と考えている実状である．また，竹川と小松の研究からは，住民同士のつながりと，住民と外から入ってくる人との関係がカギになっており，いずれも「ひとの存在」が農山村の今後を左右するであろう重要な位置を占めていることとなる．

しかし，中山間地域，特に農山村であっても，障がいや子育て困

第8章

難，貧困といった福祉的支援に携わる支援者が，どのように支援を行い，また構造化されているのか，といった重層的な課題が横たわる中山間地域，特に農山村において福祉的支援に携わる支援者の支援の実態を明らかにした研究も筆者が浅猟した限りあまり見あたらない．

現代農山村の集落がどのような生活の構造になっているのか，ということは明らかになってきているものの，具体的な状況と克服すべき生活課題，福祉ニーズ，そして，そこにソーシャルワークが具体的にどうかかわっていくのか，ということについて明らかにしていく必要が見えてくる．

Ⅳ 農村ソーシャルワークという構想と可能性

本章では，農山村における福祉的課題への研究関心から，現代農山村における生活課題へのソーシャルワークの果たす可能性について考えていきたい．農山村における福祉的課題については，高齢化問題や人口減少を契機とした議論があるが，果たしてそれだけなのであろうか．村松は，1940 年代にすでに「率直に言って，わが社会事業分野に於ては，余りに日本農村そのものに対する検討が成されていず，之に対する認識が欠けていすぎるのではあるまいか？」となげかけている（村松，1949：39）．さて，この論文から 60 年以上経過した現在の社会の成熟を迎えているはずのわが国は，この村松のなげかけにどれほどこたえ得ることができているのだろうか．社会学者の山本は，社会病理学の可能性への期待を前提に，「農村への関心はほとんどない」（山本，1996：100）と，農村をとらえた社会病理学研究の重要性を要請している．村松と山本のそれぞれの指摘をかけあわせれば，極端な言い方にはなるが，実は，農山村における住民の暮らしやその実状への関心は低いまま，わが国は高度経済成長を経て，今にいたってきたということになる．

これまで，一般的には，都市部と違って農山村では，住民どうしの人と人とのつながりが深く，助け合いが日常にあると言われていた．しかし，こんにちの中山間地域，特に農山村の生活構造は，大きく変化しているとも考えられ，そのため，中山間地域，特に農山村において支援を実践するにあたっては，実際にはどのような生活課題を抱え，またその解決のためにどのように支援者が関わっているのか，その実状ははっきりとは明らかにはなっていない．たとえば，地域住民と馴染みの深い支援者と，それが薄い支援者とでは，同じ支援といっても，支援の質にムラが出る可能性や，実践が経験や勘に頼るほかないという事態になる可能性も考えられる．しかし，いずれにせよ，その実状ははっきりとはわかってはいない．

中山間地域，特に農山村における障がい，子育て，貧困や高齢者の介護に携わるケアラーに着目した研究などはあまり見あたらない．高木は，中山間過疎地域における精神科訪問支援における実践に着目した研究を通じて，中山間地域における精神障がい者への支援には訪問型支援が有効である可能性を持つことを示した（高木，2017）．しかし，中山間地域，特に農山村におけるさまざまな福祉的課題については，まだその問題状況の実態すら明らかではない．農山村においては，交通条件の厳しさもあるが，そのことをどう乗り越えていくのか，という観点からの研究もある（加来，2015）．また，稲月は，一旦孤立した市民が再び連帯していく過程に注目し，そこから「支援を通した地域づくり」（稲月，2015：216）という視点を提示している．このように，交通問題や，人口減少だけが農山村の問題ではなく，その実状から，あらたな方向性やビジョンは考えられ得るし，その方策を展開していくことは可能なのだといえる．

さて，蓮見は，農村における福祉問題を考えるにあたって「農村の生活というのは，農家と非農家とを含むきわめて多様な層を内包したものということになるから，そこでの生活問題というのは，単に地域的な条件からいって，都市的環境と異なる場面での生活問題ということになるであろう」(蓮見，1977：8)と指摘している．ソーシャルワークの観点から，現代の農山村の生活問題を考えることは「農村の福祉とは一体何を意味するのかということについては，これまでいささか安易に言われすぎて，その内容の吟味が十分に成されてこなかった感が強い」(蓮見，1977：10)という蓮見からのメッセージに現代を担うわれわれがこたえていくことになると考えている．

そう措定するとするならば，現代の農山村における人びとが抱える生活課題とそれに呼応するためのソーシャルワーク実践とに注目した関心があっても許されるのではないだろうか．つまり，ソーシャルワークと，農村社会学・農村社会事業・農村福祉という観点とを融合させて，それを「農村ソーシャルワーク(Rural Social Work：ルーラル・ソーシャルワーク)」として、構想した(図8－1)．

ここでいう農村ソーシャルワークは，「本質的には農村独自の社会事業というものはなくて，農村に於ける社会事業をそう呼んでいる」(村松，1949:39)という村松が指摘しているように，いったん「現代農山村におけるソーシャルワーク」を関心とすることとしたい．

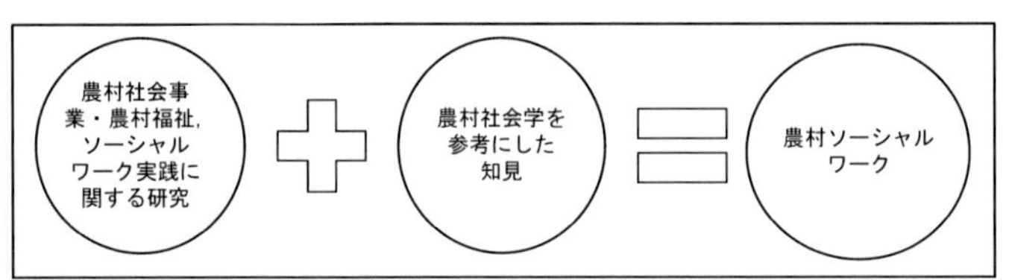

図8－1．農村ソーシャルワークの構想(筆者作成)

V　農村ソーシャルワークのもつ可能性について

今，日本の農山村は，大きく変貌している．これまでは，「大家族」で，「近隣との結びつき」が強く，だからこそ「田舎は住みよい」というイメージが根強くあった．都会からの移住も促進されている．

しかし，本稿で明らかにした今後の課題は，農山村の変わりゆくその実態と，一般的にイメージされる農山村ということばとのギャップを，ソーシャルワークの観点からどうとらえ，どう解決・軽減策を実践していくのか，ということである．戦前の農村の生活と社会事業との関係について賀川は「農村の社会生活は，都会のやうに複雑ではないから社会事業が要らないと思へば大間違いである」（賀川，1933：12）と指摘している．農山村におけるソーシャルワークの関心，つまり農村ソーシャルワークは，「見えているけども見ていない」わが国の社会状況を見つめる視点に通じると考えられるのである．

今後は，農山村における調査研究を行い，わが国の現代の農山村における社会状況とそれに起因する社会状況を明らかにしていくこととしたい．

文　献

蓮見音彦（1977）「農村の福祉とは何か」『農業と経済』43（5），5－10.

稲月　正（2015）「第8章　地域社会と生活困窮者支援―北九州市での若年生活困窮者への伴走型就労・社会参加支援事業を事例として―」徳野貞雄監修　牧野厚史・松本貴文編『暮らしの視点からの地方再生―地域と生活の社会学―』九州大学出版，195－221.

賀川豊彦（1933）『農村社会事業』日本評論社.

加来和典（2015）「第6章　過疎山村における交通問題―大分県日田市中津江村の事例から―」徳野貞雄監修　牧野厚史・松本貴文編『暮らしの視点からの地方

再生―地域と生活の社会学―』九州大学出版，155－174.
小松理佐子（2016）「過疎地域における地域包括ケアシステム構築の可能性」『日本社会福祉大学社会福祉論集』134，31－47.
木下謙治（1998）「農村社会学の展開と課題」『社会分析』26，1－15.
熊本県山鹿市（2015）「山鹿市統計資料　平成26年版」，（http://www.city.yamaga.kumamoto.jp/www/contents/1264053611077/files/tokei.pdf#search=%27%E5%B1%B1%E9%B9%BF%E5%B8%82+%E5%B9%B3%E6%88%90%EF%BC%92%EF%BC%96%E5%B9%B4%E7%89%88+%E4%BD%8F%E6%B0%91%27，2017. 11. 7）.
松本貴文（2015）「第3章　新しい地域社会調査の可能性」徳野貞雄監修　牧野厚史・松本貴文編『暮らしの視点からの地方再生―地域と生活の社会学―』九州大学出版，85－108.
村松義郎（1949）「農村社會事業考察の一前提」『社會事業』32（10），39－46.
野口友紀子（2017）「農村社会事業はどのように理解されていたのか―1920年代から1941年までの『社会事業』から―」『社会事業史』51，85－98.
大久保満彦（1949）「農村社會事業論」『社會事業』32（10），30－38.
大内雅利（1992）「農業経営と農業をめぐる意識」高橋明善・蓮見音彦・山本英治編『農村社会の変貌と農民意識―30年間の変動分析―』東京大学出版.
鈴木榮太郎（1968）『鈴木榮太郎著作集Ⅰ　日本農村社会学原理（上）』未来社.
鈴木裕介（2015）「中山間地域で暮らす要介護高齢者の医療福祉ニーズに関する研究：地域を基盤として支援を行っている福祉専門職に対するインタビュー調査に基づいて」『社会福祉学』56（3），58－73.
田端光美（1982）『日本の農村福祉』勁草書房.
髙木健志（2017）「中山間地域等における訪問支援の可能性に関する研究―訪問支援の経験がある支援者へのインタビュー調査から―」『山口県立大学社会福祉学部紀要』23，21－32.
高野和良（1996）「過疎農山村社会における社会福祉―社会福祉サービス利用に対する抵抗感をもとに―」『社会分析』24，49－62.
竹川俊夫（2010）「過疎農山村における高齢者の生活実態と地域福祉の課題―鳥取県日南町における生活実態調査報告―」『地域学論集』7（1）（鳥取大学地域学部紀要），1－22.
田村直子・棚橋さつき・新井明子（2017）「限界集落における訪問看護ニーズと課題」『高崎健康福祉大学紀要』16（高崎健康福祉大学），49－59.
徳野貞雄（2002）「過疎論のニューパラダイム」『農業と経済』10，14－22.

徳野貞雄(2010)「縮小論的地域社会理論の可能性を求めて」『日本都市社会学年報』28, 27 - 38.
山本　努(1996)「社会病理学への不満と提言」,『社会分析』24, 93 - 109.
山下亜紀子(2016)「第5章　農山村—その現状と問題の理解—」山本　努編著『新版現代の社会学的解読—イントロダクション社会学—』学文社, 97 - 114.
横山定雄(1952)「農村社会と「福祉」の概念」『社会事業増刊』35(2), 53 - 64.
吉武由彩(2016)「第6章　福祉—高齢化と支え合う社会—」山本　努編著『新版現代の社会学的解読—イントロダクション社会学—』学文社, 115 - 36.

第8章

おわりに

本書のテーマを,「農村ソーシャルワーク(Rural Social Work：ルーラル・ソーシャルワーク)」と題した. これは, 単に農山村を舞台としたソーシャルワークということをあらわしたかったのではない. 現代の農山村におけるソーシャルワークに着目することで, 未来のソーシャルワークの姿を考えることができると考えているからである.

本書では, 精神科ソーシャルワークと, 農山村, という, どちらも「わかってはいるけども, よくはわかっていないこと」という共通したものを取り上げながら展開した.

いくつかの調査から見えてきたのは, 現代の農山村とそこに暮らす人々の福祉的課題とその解決方法としてのソーシャルワーク実践であった. 農山村は, 都市部に比べて, 事業所数や人財は著しく少ない. よって, ソーシャルワーカーは一人二役どころか, 三役, 四役…と担わざるを得ない.

たとえば, 精神科病院での入院治療を終え, 退院したばかりの50歳代のクライエントの訪問に向かった精神科ソーシャルワーカーが, そのクライエントから, 自宅に高齢の両親が寝たきりになっているけども, 何の介護サービスにもつながってはない, という相談を受け, そして, その両親と対面することとなったとしよう. そもそもその精神科ソーシャルワーカーは, 50歳代のクライエントの支援に向かったのだが, 高齢の両親の支援をその場で行うことになる. 精神科ソーシャルワーカーには,「専門ではない」と断るという選択肢もある. しかし, ソーシャルワーカーとして, 課題やクライエントを選択するということは適切ではあるまい．だとすれば，ソーシャルワーカーには，その場で，さまざまな判断を行い，具体的な援助として，ソーシャルワークを活用していくこととなる．

調査から，現代の農山村の実状から農村ソーシャルワークの構築を展開することができた．2025年には，団塊の世代が後期高齢者となっていく．日本の多くの地域は，これからさらに人口高齢化や人口減少に伴う過疎化が加速していくことであろう．過疎化したとしても，住み慣れたまちで，人々が暮らし続けていくことにソーシャルワーカーが貢献し，そしてソーシャルワーク理論がそれに寄与できるよう，願いを込めて，農村ソーシャルワークとした．

まだまだ研究の緒についたばかりである．多くの先生方，皆様方への感謝を忘れることなく，これからも農山村，そして世のなかと暮らしについて，考えていきたい．

本書が完成するまでには，学術研究出版の黒田貴子さんの根気強い支えがあった．感謝申し上げたい．

本書の調査については，科研費における調査〔(15K13089　過疎地域等で暮らす精神障害者に対する精神保健福祉士の訪問相談援助の評価指標開発）(18K02157　中山間農山村地域における福祉支援者の支援評価指標開発)〕によって行うことができた．感謝申し上げたい．

2021年3月吉日

高木健志

初出論文

本書では，以下の初出論文を大幅に加筆修正して展開した．ご承諾のご高配にこころより感謝申し上げます．

第1章　「長期入院精神障害者の「退院の意思決定」を支える退院援助実践に関する研究：精神科病院に勤務する17人の精神科ソーシャルワーカーへのインタビュー調査を通して」山口県立大学高等教育センター紀要　第1号，2017年，P147～153.

第2章　「中山間地域等における精神保健福祉士の訪問型支援の重要性に関する一考察：文献研究から考える課題」山口県立大学社会福祉学部紀要22号，2016年，P119～124.

第3章　「中山間地域等における訪問支援の可能性に関する研究：訪問支援の経験がある支援者へのインタビュー調査から」山口県立大学社会福祉学部紀要23号，2017年，P21～32.

第4章　「中山間地域における精神障害者への訪問型支援に関する一考察―訪問型支援を経験したことのある11人の精神保健福祉士へのインタビュー調査を通じて―」社会分析46号，2019年，P93～111.

第5章　「中山間農山村地域における福祉的支援者による訪問型支援の実践評価」山口老年総合研究所「年報31」，2019年，P9～18.

第7章　「農山村における福祉的支援の課題に関する一考察」山口県立大学社会福祉学部紀要25号，2019年，P89～96.

第8章　「中山間農山村地域における福祉的課題とソーシャルワークとの関連に関する考察：「農村ソーシャルワーク」という可能性」山口県立大学社会福祉学部紀要24号，2018年，P135～143.

高木　健志（たかき たけし）

熊本県山鹿市菊鹿町（旧鹿本郡菊鹿町）生まれ。
博士（社会福祉学）。高知県立大学大学院人間生活学研究科人間生活学専攻博士後期課程単位取得満期退学。
国立療養所菊池病院（現独立行政法人国立病院機構菊池病院）、特定医療法人富尾会桜が丘病院において精神科ソーシャルワーカーとして勤務後、学校法人川崎学園川崎医療短期大学、公立大学法人山口県立大学を経て、2020年４月より学校法人佛教教育学園佛教大学。

農村ソーシャルワーク　Rural Social Work：ルーラル・ソーシャルワーク
— 現代農山村から考えるソーシャルワーク実践 —

2021年３月６日　初版発行

著　者　高木健志
発行所　学術研究出版
〒670-0933　兵庫県姫路市平野町62
TEL.079(222)5372　FAX.079(244)1482
https://arpub.jp
印刷所　小野高速印刷株式会社

ISBN978-4-910415-31-4